DK 아틀라스 시리즈

세계고대문명

글 앤 밀라드 · 그림 러셀 버넷

THE ATLAS OF ANCIENT WORLDS

델루스

DK

A DORLING KINDERSLEY BOOK

Senior Art Editor Christopher Gillingwater·Project Editor Laura Buller / Constance Novis
Designer Dorian Spencer Davies·Production Neil Palfreyman and Marguerite Fenn
Managing Editor Susan Peach·Managing Art Editor Jacquie Gulliver
Medical Consultant Dr. Thomas Kramer MBBS, MRCS, LRCP

First published in Great Britain in 1994
by Dorling Kindersley Limited,
80 Strand, London, WC2R ORL

Original Title : The Atlas of Ancient Worlds
Copyright ⓒ 1994 Dorling Kindersley Limited, London

Korean translation copyright ⓒ 2009 by Ludens Book
All rights reserved.
The Korean edition was published by arrangement with Dorling Kindersley Limited, London

DK 아틀라스 시리즈
세계고대문명 초판 6쇄 발행 2020년 6월 10일

펴낸곳 루덴스 · **펴낸이** 이동숙 · **글** 앤 밀라드 · **그림** 러셀 버넷
번역 정기문 · **감수** 오인석 고종훈 박영주 · **편집** 홍미라 박정익 · **디자인** 모현정 김효정
출판등록 제16-4168호 주소 서울시 송파구 송파대로 201 송파테라타워 B동 919호
전화 02-558-9312(3) · 팩스 02-558-9314
값 24,000원 · ISBN 979-11-5552-227-1

책 내용의 전부 또는 일부를 재사용하려면 반드시 저자와 출판사의 동의를 받아야 합니다.
잘못 만들어진 책은 교환해드립니다.

학년/과목	단원	차례
	교과 과정 연계표 (개정 7차)	
초4 사회	문화재와 박물관	어디에서 살았을까?/유물과 유적/연표
초5 사회	우리 겨레의 생활 문화	어디에서 살았을까?/유물과 유적/연표
중1 사회	아시아 및 아프리카의 생활	아프리카-황금 왕국/연표
	아메리카 및 오세아니아의 생활	북아메리카의 원주민들/오스트레일리아의 원주민/폴리네시아와 뉴질랜드/마야-돌로 이루어진 도시/아스텍-태양의 전사들/잉카-안데스의 지배자/연표
	인류의 기원과 고대 문명의 형성	어디에서 살았을까?/유물과 유적/수메르-세계 최초의 도시들/이집트-나일 강의 문명/이집트-파라오와 피라미드/인더스 문명/페니키아인-바다의 지배자/바빌론-신들의 문/아프리카-황금 왕국/북아메리카의 원주민들/오스트레일리아의 원주민/폴리네시아와 뉴질랜드/연표
	아시아 사회의 발전과 변화	인더스 문명/가나안-풍요로운 땅/헤브루 왕국/아시리아인-정복왕/페르시아-거대한 제국/풍요로운 아라비아/인도-마우리아 왕조/중국-진시황제/중국-황금시대/일본-무사의 등장/크메르 왕국/연표
중2 사회	유럽 세계의 형성	어디에서 살았을까?/유물과 유적/유럽-거석을 세운 문명/미노스와 미케네/페니키아인-바다의 지배자/켈트인-철기 시대의 용사들/그리스-힘과 영광/그리스-알렉산드로스 대왕과 그 후/로마-작은 마을에서 제국으로/로마-도시 생활/연표
고등 세계사	문명의 새벽과 고대 문명	어디에서 살았을까?/수메르-세계 최초의 도시들/이집트-나일 강의 문명/이집트-파라오와 피라미드/인더스 문명/미노스와 미케네/가나안-풍요로운 땅/헤브루 왕국/페니키아인-바다의 지배자/바빌론-신들의 문/아시리아인-정복왕/페르시아-거대한 제국/그리스-힘과 영광/그리스-알렉산드로스 대왕과 그 후/로마-작은 마을에서 제국으로/로마-도시 생활/아프리카-황금 왕국/북아메리카의 원주민들/오스트레일리아의 원주민/폴리네시아와 뉴질랜드/마야-돌로 이루어진 도시/아스텍-태양의 전사들/잉카-안데스의 지배자/연표
	아시아 세계의 확대와 동서 교류	인더스 문명/가나안-풍요로운 땅/헤브루 왕국/아시리아인-정복왕/페르시아-거대한 제국/풍요로운 아라비아/인도-마우리아 왕조/중국-진시황제/중국-황금시대/크메르 왕국/연표
	유럽의 봉건 사회	유럽-거석을 세운 문명/켈트인-철기 시대의 용사들/그리스-힘과 영광/그리스-알렉산드로스 대왕과 그 후/로마-작은 마을에서 제국으로/로마-도시 생활/연표
	아시아 사회의 성숙	일본-무사의 등장/연표

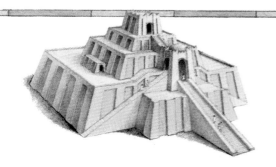

차례

고대문명 탐험 가이드 *Mapping the Past*

이집트인들은 거대한 피라미드를 만들었고, 중국인들은 여러 가지 뛰어난 물건들을 발명했다. 로마인들은 거대한 군대를 조직했고, 그리스인들은 연극과 올림픽 경기를 처음 시작했다.

이 책은 기원전 3,500년, 번화한 도시들이 있었던 서아시아에서부터 서기 1,500년, 잉카인들이 살았던 남아메리카의 안데스 산맥까지 고대인들의 위대한 문명과 삶을 보여준다.

문자가 없어도

문명을 이룩한 사람들은 체계적인 농사법을 알고 있었고, 문자를 발달시켰다. 그들은 통치 체제를 확립했으며, 신들과 지배자들을 위한 거대한 건조물들을 세웠다. 그러나 켈트인과 원주민 등은 문자 없이도 풍요롭고 독특한 문화를 꽃피웠다.

이집트인들은 신들을 위해 거대한 신전을 지었다.

사람들은 점점 새로운 기술들을 발전시켰다. 이 기술자는 목관을 장식하고 있다.

기술자들은 목재, 은, 상아 같은 외국산 재료들을 자주 사용했다.

문자 표기는 문명의 특징이다. 이집트인들은 그림문자를 사용했다.

최초의 문명은 이집트의 나일 강처럼 땅이 기름진 강 유역에서 일어났다.

강가의 진흙으로 만든 벽돌로 집을 지었다.

소와 같은 가축을 이용해 밭을 갈았다.

이집트인들은 농사 기술이 뛰어나 대추야자를 비롯한 여러 작물을 재배했다.

이 벽화는 기원전 1290년경, 파라오(이집트의 왕)의 무덤을 장식한 사람들 중 한 사람인 세네젬의 무덤에서 발견되었다. 그림에는 문명 발전에 꼭 필요했던 농사법들이 나와 있다.

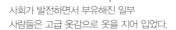

사회가 발전하면서 부유해진 일부 사람들은 고급 옷감으로 옷을 지어 입었다.

낫과 같은 도구의 발명으로 농부들은 보다 효과적으로 농사를 지을 수 있었다.

철기 시대의 그리스의 전사

시대 구분

문명마다 수준이 달라 전세계적으로 똑같은 연대를 나타낼 수는 없지만, 이 책에서는 문명에서 주로 사용한 도구와 무기를 기준으로 석기시대, 청동기시대, 철기시대로 구분했다. 그리고 다레이오스 1세(기원전 522~486)처럼 지배자 뒤에 있는 연대는 재위 기간을 나타낸다.

만리장성은 북쪽의 침략자들로부터 중국인들을 보호하는 국경으로 삼기 위해 쌓았다. 산맥과 강 등도 영토의 경계가 되었다.

지형의 변화

수천 년 동안 강의 흐름이 바뀌었고, 화산 폭발로 새로운 섬이 생겼으며, 해안선도 변했다. 한때 지중해 연안에 있던 고대 도시 에페수스는 해안이 융기하여 지금은 내륙의 도시가 되었다. 그리고 사하라 사막의 북부는 로마 제국에 식량을 댈 만큼 기름졌으나 무분별한 농작으로 땅이 거칠어졌다. 이 책에 있는 지형들 가운데 많은 곳을 오늘날에는 볼 수 없다.

그림 지도

지도마다 당시의 중요한 도시와 촌락, 교역로를 표시했다. 주거지에는 사람들의 생활 모습을 설명했으며, 사막, 산맥, 호수, 숲, 늪지대 등 생활에 영향을 미친 자연 환경도 담았다.

주변 지역

노란색 부분은 이 문명 지역에 포함되지 않은 지역이다.

지역의 특색

지역의 특색을 설명하는 그림들은 군사 지역과 집, 거리의 모습, 또는 옛 도시를 복원한 모습 등을 보여준다.

세계에서의 위치

빨간색으로 표시한 지역이 그림 지도의 문명이 있었던 곳이다.

보 기

마을이나 도시가 있었던 곳을 빨간 점으로 나타내고 지명을 밝혔다.

고대 도시의 이름이 현재와 다른 경우에는 현재의 이름을 괄호에 넣었다.

고대 유적이나 건축물을 나타내기 위해 콜로세움(원형 경기장) 같은 상징물을 사용했다.

영토 확장

작은 지도는 큰 지도에서 설명하는 문명이 지배했던 영토의 변화를 보여준다.

축척

축척으로 지역의 크기뿐만 아니라 고대 도로의 길이나 도시 사이의 거리를 알 수 있다.

세부 그림

당시 사람들의 전투, 일, 놀이, 신앙 등 생활 모습을 해당 지역에 나타냈다.

세계에 대한 생각

고대인들은 자신들이 모르는 지역은 무서운 것들이 가득 차 있다고 생각했고, 가장 중요하다고 생각한 곳을 지도의 윗부분에 나타냈다. 그리고 신들이 세상을 어떻게 만들었는가 하는 종교적인 믿음을 바탕으로 세계를 바라보았다. 예를 들면, 고대의 인도인들은 세계가 거북의 등딱지 위에 놓여 있다고 믿었다.

기원전 1세기에 로마 사람이 그린 지도. 위쪽에 있는 소아시아와 함께 로마 제국을 지도 한가운데에 그려 로마 제국의 강성을 표현했다.

아랍인인 알 이드리시가 1154년에 제작한 지도. 로마인과는 달리 남쪽 지역을 윗부분에 그렸다.

어디에서 살았을까? *Where People Lived*

인류는 기원전 1만 년쯤, 동굴이나 천막을 은신처로 삼으면서 먹을 것을 찾아 돌아다녔다. 동물을 사냥하고, 과일과 채소를 채집했다. 그러다 서아시아의 '비옥한 초승달 지역'을 기점으로 농경이 시작되어 유럽으로 점점 퍼져갔다. 그리고 아메리카, 아프리카, 동아시아에서도 독자적으로 농경을 발전시켰다. 농경에 의해 식량 공급을 조절할 수 있게 되자 사람들은 정착 생활을 하게 되었고, 촌락이 발전했다. 그리고 기원전 3,500년쯤, 티그리스 강과 유프라테스 강 사이(오늘날의 이라크)에서 최초의 위대한 문명인 수메르 문명이 탄생했다. 그 뒤 5천 년에 걸쳐 여러 문명이 세계 곳곳에서 발달했다.

이누잇 족
서기 1000년 이후

유콘 강

켈트 족
기원전 750~서기 100년

북아메리카

미주리 강

거석 문명인
기원전 2500~1000년

마카 족
서기 1300~1500년

호프웰 족
서기 200~550년

아메리카 원주민
(평야 지역)
기원전 250년 이후

미시시피 강

아데나 족
기원전 700년~서기 200년

모

푸에블로 족
서기 750년 이후

미시시피 족
서기 700~1500년

가나 족
서기 700~1200년

올멕 족
기원전 1200~400년

아스텍 족
서기 1200~1519년

마야 족
서기 250~900년

태 평 양

아마존 강

소

잉카 족
서기 1200~1532년

남아메리카

폴리네시아인
기원전 2000년 이후

유

강 유역

4대 문명인 수메르 문명, 이집트 문명, 중국 문명, 인더스 문명이 모두 큰 강 유역에서 발달했다. 큰 강 유역에는 경작에 필요한 물이 풍부했고, 뱃길이 있어 운송이 편리했다. 이를 기반으로 사람들은 농업과 상공업을 발전시킬 수 있었다.

티그리스 강 연안의 기름진 땅과 진흙 벽돌로 지은 집

*초4 사회 문화재와 박물관·초5 사회 우리 겨레의 생활 문화·중1 사회 인류의 기원과 고대 문명의 형성·중2 사회 유럽 세계의 형성·고등 세계사 문명의 새벽과 고대 문명

문명을 일으킨 사람들
아래 지도는 문명을 일으킨
사람들과 각 문명이 가장
발전했던 시기를 보여준다.
오른쪽 지도는 지중해 동부와
서아시아의 '비옥한 초승달
지역'을 확대한 것이다.
물이 풍부한 이 지역에서
여러 문명들이 부흥했다.

지중해 동부와 서아시아

흑 해

카스피 해

그리스인
기원전 800
~331년

히타이트 족
기원전 1900~1200년

메디아인
기원전 1200~550년

미케네인
기원전 1450~
1100년

갈라티아인
기원전 280~서기 100년

미탄니인
기원전 1450
~1300년

아시리아인
기원전 900
~612년

카시트인
기원전 1500~1170년

미노아인
지원전 1800~1450년

가나안인
기원전 2500
~1200년

엘람인
기원전 3000
~500년

지 중 해

페니키아인
기원전 1200~146년

유프라테스 강

티그리스 강

바닷사람들
기원전 1200~1020년

아모리인
기원전 2500~1000년

수메르인
기원전 3500
~2400년

헤브루인
기원전 1200년 이후

바빌로니아인
기원전 1900~539년

페르시아 만

이집트인
기원전 3100~30년

나일 강

홍해

아랍인
기원전 500~서기 750년

누비아인
기원전 2500~663년

게르만인
기원전 200~
서기 400년

스키타이인
기원전 500~50년

마사게타이인
기원전 500~300년

진인
기원전 221~206년

유 럽

도나우 강

페르시아인
기원전 549~333년

황하

로마인
기원전 507~서기 476년

아 시 아

인더스 강

고조선인
기원전 2333~108년

일본인
서기 700~1200년

고조선 시조 단군

인더스인
기원전 2500~1500년

갠지스 강

당인
서기 618~906년

양쯔 강

태

메로에인
기원전 590~
서기 300년

나일 강

마우리아 족
기원전 322~185년

평

녹인
기원전 500~
서기 200년

악숨인
서기 50~650년

샴 족
서기 1200~1500년

크메르인
서기 800년~1400년

양

아 프 리 카

콩고 강

반투 어족
원전 1000~
서기 200년

잠베지 강

동아프리카인
서기 900~1475년

인 도 양

애버리저니
(오스트레일리아 원주민)
기원전 3500년 이후

쇼나인
서기 1270~
1450년

폴리네시아인
기원전 2000년 이후

오스트레일리아

마오리 족
서기 950년 이후

이동
사람들은 때때로 여러 이유 때문에 이동해야만 했다.
중앙아메리카의 마야 족 같은 초기 농경민족은 농경지가
금세 황폐해져 몇 년마다 이동했다. 발전 속도가 빨랐던
그리스의 도시 국가들은 살던 곳을 떠나 새로운 거주지를
찾아야 했다. 한편 헤브루인들은 바빌론에 강제 이주하여
노예로 일했다.

이동하는 로마군을
나타낸 부조물.
로마처럼 많은 나라가
이웃 나라를 정복하여
새로운 영토를 차지했다.

7

유물과 유적 *Clues to the Past*

유물과 유적으로부터 건물, 옷, 무역, 식량 등 고대인들의 생활을 엿볼 수 있다. 고고학적 자료들은 로마의 콜로세움(원형경기장)처럼 운 좋게 발견되기도 하지만, 땅 표면에 드러난 동전이나 도기 조각을 근거로 발굴하는 경우가 많다. 하지만 간혹 우연히 발견되기도 하는데, 중국에서는 점토로 만든 실물 크기의 병사들이 우물을 파던 사람들에 의해 발견되었다.

지도의 까만 점은 그리스의 도기들이 발견된 곳이다. 이런 유물들을 통해 고대의 교역망을 알 수 있다.

유물을 통한 연구

그리스와 페르시아에서 발견된 돌 조각품들은 당시 왕국의 생활을 알려준다. 주화에 새겨져 있는 지배자의 이름과 통치 연대를 바탕으로 주화가 묻혀 있던 유적지의 연대도 알 수 있다. 그리고 당시의 쓰레기장을 분석하여 그때 사람들이 무엇을 먹고 살았는지 밝힐 수 있다.

올리브를 수확하는 모습이 그려진 그리스의 꽃병. 올리브 씨를 눌러 짠 기름은 음식을 만들 때 썼다.

문자 기록

고대인들이 점토판이나 돌처럼 잘 썩지 않는 것에 기록한 자료를 바탕으로 그들의 생각이나 신앙, 지배자들의 이름, 전투가 있었던 날짜, 세금으로 거둔 물건들의 목록 등을 알 수 있다. 그러나 고대 언어는 현재 사용되지 않는 경우가 대부분이어서 해독이 어렵다. 마야의 그림문자도 최근에야 해독되었다.

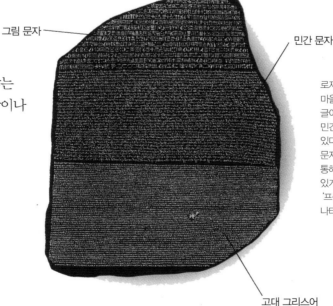

그림 문자

민간 문자

고대 그리스어

로제타석(나일 강 어귀의 로제타 마을에서 발견한 비석)에는 같은 내용의 글이 세 가지 언어(이집트의 그림문자, 민간문자, 고대 그리스어)로 기록되어 있다. 비석에 새겨진 고대 그리스 문자와 다른 문자들의 비교를 통해 그림문자를 해독할 수 있게 되었다. 오른쪽은 모두 '프톨레마이오스'라는 이름을 나타낸다.

그림 문자

민간 문자

고대 그리스어

나무로 지었던 집 복원

나무가 썩어 생긴 구덩이는 기둥의 흔적이다.

구덩이의 깊이로 기둥의 크기와 벽의 높이를 계산할 수 있다.

외(흙을 바르기 위해 벽 속에 가는 나뭇가지로 엮은 것)에 진흙을 발라 벽을 복원한다.

진흙벽

외

영원한 신전

고대인들은 신들을 위해 지은 건축물이 영원하기를 바랐다. 그래서 이집트와 멕시코에서는 돌로 신전을 지었고, 돌이 없는 수메르에서는 햇볕에 구운 단단한 벽돌을 이용했다. 이런 건축물들은 대부분 오늘날까지 남아 있다. 그러나 사람들의 집은 거의 남아 있지 않아 일부 흔적만으로 당시의 모습을 복원할 수밖에 없다.

돌로 지은 이 마야의 신전은 열대우림 속에 남아 있었다. 1952년에 멕시코의 팔렝케에서 발견되었다.

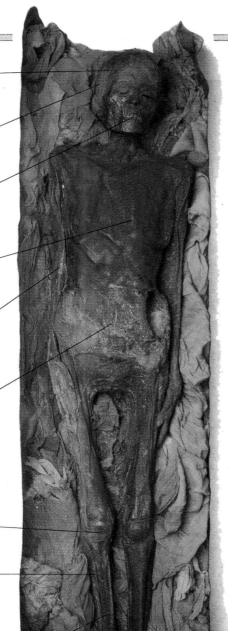

피가 말라 버린 혈관에서도 혈액형을 알아낼 수 있다.

대머리를 숨기려고 쓴 가발이 발견되었다.

이집트인의 미라 중에는 잇몸병에 시달린 흔적도 있다.

심장 근처와 뇌의 혈관에서 이 사람이 심장병과 뇌졸중을 일으켰다는 사실을 알 수 있다.

부러진 팔과 다리가 치료되었는데, 이것으로 당시 의료기술을 알 수 있다.

기생충들이 미라의 몸속에 남아 있다.

관절염과 류머티즘을 앓았다는 것을 알 수 있다.

이름이 남아 있지 않은 왕족의 미라도 DNA 감정으로 가까운 혈족을 확인하면 누구인지 알 수 있다.

피부에서 종기와 발진이 발견되었다. 영양 부족 때문이었을 것이다.

왼쪽 사진은 감았던 천을 벗겨 낸 이집트 미라의 모습이다. 이 여자는 기원전 6백 년쯤에 매장된 것 같다. 고대 이집트인의 건강 상태와 생활방법 등 많은 것을 알려준다.

자연에 의한 보존

이집트의 높은 기온과 건조한 공기는 무덤 속에 있는 시체와 부장품을 오래 보존했다. 알프스 산맥의 빙하 속에서는 5천 년쯤 전에 죽은 남자의 시체가 언 채로 발견되었다. 그는 구리로 만든 도끼를 가지고 장화를 신고 있었다. 그리고 그리스의 울루부룬 앞바다에서는 미케네의 배와 화물이 발견되었다. 가장 극적인 것은 화산 폭발로 인한 보존이다. 이탈리아의 베수비오 화산은 서기 79년에 큰 폭발을 일으켜 폼페이를 비롯한 여러 도시를 화산재로 덮어 버렸다. 평범한 조건에서는 보존되지 않을 많은 것들이 보존되었다.

얼굴 복원

미라가 남아 있어 고대 이집트인의 얼굴 모습을 복원할 수 있다. 먼저, 머리뼈대로 석고 모형을 뜬 뒤 그 위에 점토로 얼굴 근육을 만든다. 점토를 겹쳐 살을 입히고, 마지막으로 눈·코·입 등을 나타낸다. 오른쪽 그림은 2,300년 전의 머리뼈로 복원한 얼굴 모습이다. 알렉산더 대왕의 친구였던 아다 여왕인 것 같다.

머리뼈로 작업을 시작한다.

석고 모형을 뜨고, 얼굴 근육들의 높낮이를 정하기 위해 못을 박는다.

근육 위에 살을 입히고, 눈, 코, 귀 등을 복원한다.

머리카락과 털을 붙이고 얼굴색을 칠한다.

연대 측정

문자를 사용한 고대인의 경우는 그들이 남긴 문자에서 연대를 알 수 있지만, 문자가 없었던 문명의 경우 발굴된 유물의 지층과 연대를 알 수 있는 유물의 지층을 비교하여 연대를 추정한다. 그러나 오늘날에는 과학 기술의 발달로 보다 정확하게 연대를 측정할 수 있다. 방사성 탄소 연대 측정법은 탄소 14인 원자를 이용하는 방식이다. 물체가 오래될수록 탄소 14의 함유량이 적어진다. 도기의 연대 측정에는 열 루미네슨스 측정법을 쓴다. 특수한 물질을 약간 덥게 하거나 차게 하면 빛을 내는 현상을 이용한 것이다.

사진은 미라를 관째로 컴퓨터 촬영 장치에 넣는 모습이다. 이 촬영으로 미라가 남자인지 여자인지, 나이가 몇인지, 왜 죽었는지 등을 추정할 수 있다.

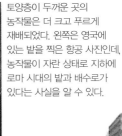

토양층이 두꺼운 곳의 농작물은 더 크고 푸르게 재배되었다. 왼쪽은 영국에 있는 밭을 찍은 항공 사진인데, 농작물이 자란 상태로 지하에 로마 시대의 밭과 배수로가 있다는 사실을 알 수 있다.

미라가 있던 곳의 흙에서 현미경으로 발견한 고대의 꽃가루.(오른쪽) 꽃가루를 조사하면 당시의 식물 분포와 경치, 사람들의 식습관을 알 수 있다.

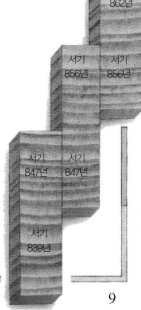

나이테 연대학은 나무 나이테의 수를 세어 연대를 측정한다. 기후가 좋은 해에는 나이테의 두께가 두껍게 생기고, 나쁜 해에는 얇게 생긴다. 여러 시기에 자란 나무들의 나이테를 맞춰 보면(오른쪽) 역으로 계산하여 연대를 측정할 수 있다.

수메르-세계 최초의 도시들 *Sumer-The First Cities*

기원전 5,000년경, 현재 이라크 지역인
메소포타미아(티그리스 강과 유프라테스 강 사이)의
기름진 땅이 수메르인들을 끌어들였다.

기후가 덥고 건조했지만, 강이 있어 곡물과 과일, 채소 재배에 필요한
물이 풍부했다. 수메르인 상인들은 남는 식량과 공예품들을 팔러
외국으로 진출했다. 인구가 점점 늘어 기원전 3,500년쯤에는
농사를 짓던 마을들이 우르, 니푸르, 에리두 등 몇 개의 도시 국가로
발전했다. 도시에는 진흙 벽돌로 지은 집과 작업장들이 있었고,
중심부에는 높은 탑이 있는 신전이 우뚝 솟아 있었다.

텔할라프

수메르인들은 바퀴를 발명하여
도기를 만드는 데 사용했다.
그 뒤 단단한 나무 바퀴를 개발,
처음으로 바퀴 달린 수레와 전차를
움직였다.

사막에서 떠돌아다니는 종족은
풍요로운 땅에 정착하기를 원했다.
그 중 아모리 족은 성공적으로 정착했다.

큰 사람(루갈)

도시의 모든 일을 처리했던 장로회는 전쟁이 나면 '큰 사람'이라는 뜻의 '루갈'을 임명하여 군대를 지휘하게 했다. 그러다 전쟁이 빈번해지면서 루갈은 권력을 오래 쥐게 되었다. 이들은 점점 도시의 일상생활을 관리하기 시작했고, 마침내는 자신의 아들을 후계자로 임명하기도 했다. 루갈이 왕이 된 것이다.

왕의 무덤에서 발견된 나무 상자. 잔치를 연 지배자들에게 선물로 바치기 위해
농민들이 소와 양을 가져가고 있다.

신의 도시

수메르인들은 수백 명의 신을 섬기면서
날마다 제물을 바쳤다. 그렇게 하지
않으면 신들이 홍수, 질병, 전쟁 등의
재앙을 내린다고 생각했기 때문이다.
각 도시마다 수호신을 섬기기도 했는데, 폭
풍의 신인 엔릴은 니푸르의 수호신이었고,
물과 지혜의 신인 엔키는 에리두의 수호신
이었다.

왕과 왕비의 무덤

수메르인들의 도시
우르에서 초기의 왕과
왕비들의 무덤이 발견
되었다. 무덤에는 호화로운
가구와 금 세공품, 악기,
개인적인 소유물들이 있었다.
그리고 왕과 왕비를 내세에서도
섬기려 자살한 하인들의 유해도
들어 있었다.

이 화려한 금 장식품은 우르에 있는
왕가 무덤의 여자에게서 발견되었다.

우바이드의 신전에 있는 구리로 만든 부조물.
사자 머리의 독수리가 수사슴 두 마리의
꼬리를 잡고 있다.

천국의 계단

수메르인들은 신전에서 신이 산다고 생각했다.
오른쪽의 우르에 있는 신전은 달의 신인 낸너가
사는 집이었다. 초기의 신전은 진흙 벽돌로
지은 낮은 단 위에 세워졌다. 새로운 신전이
필요하면 오래 된 신전의 유적 위에 지었다.
이렇게 거듭 신전 위에 신전을
짓자 지구라트라는 탑 부분이
커지고, 신전 윗부분에까지
계단이 있는 구조가 되었다.
구약 성서의 바벨탑은 바빌론의
지구라트이다.

우르에 있는 지구라트는
기원전 2,100년경에
우르남무 왕이 세웠다.

집들은 전원 지역에 지었다.
바깥벽에는 창이 없었다.

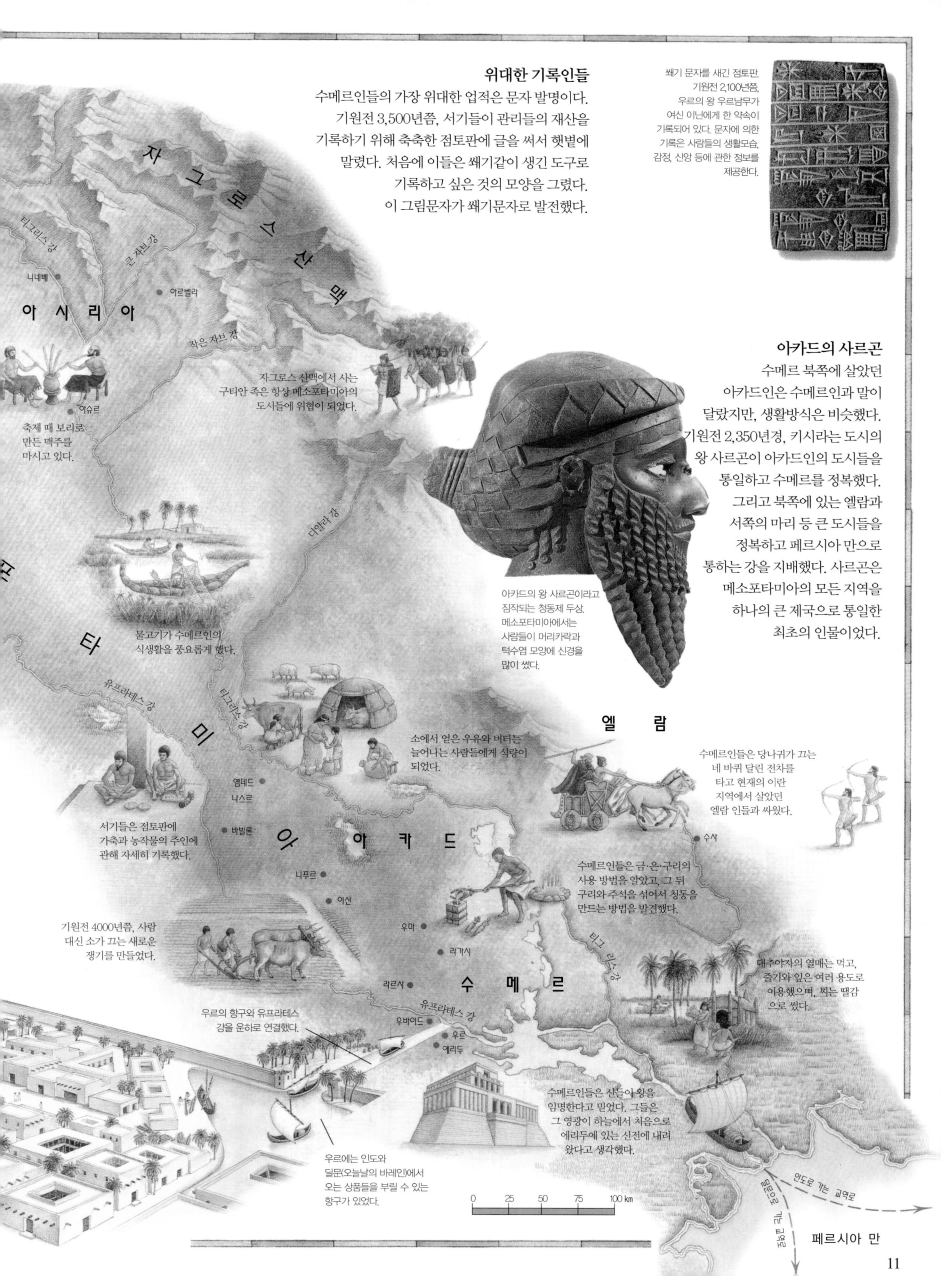

위대한 기록인들

수메르인들의 가장 위대한 업적은 문자 발명이다. 기원전 3,500년쯤, 서기들이 관리들의 재산을 기록하기 위해 축축한 점토판에 글을 써서 햇볕에 말렸다. 처음에 이들은 쐐기같이 생긴 도구로 기록하고 싶은 것의 모양을 그렸다. 이 그림문자가 쐐기문자로 발전했다.

쐐기 문자를 새긴 점토판. 기원전 2,100년쯤, 우르의 왕 우르남무가 여신 이닌에게 한 약속이 기록되어 있다. 문자에 의한 기록은 사람들의 생활모습, 감정, 신앙 등에 관한 정보를 제공한다.

아카드의 사르곤

수메르 북쪽에 살았던 아카드인은 수메르인과 말이 달랐지만, 생활방식은 비슷했다. 기원전 2,350년경, 키시라는 도시의 왕 사르곤이 아카드인의 도시들을 통일하고 수메르를 정복했다. 그리고 북쪽에 있는 엘람과 서쪽의 마리 등 큰 도시들을 정복하고 페르시아 만으로 통하는 강을 지배했다. 사르곤은 메소포타미아의 모든 지역을 하나의 큰 제국으로 통일한 최초의 인물이었다.

축제 때 보리로 만든 맥주를 마시고 있다.

자그로스 산맥에서 사는 구티안 족은 항상 메소포타미아의 도시들에 위협이 되었다.

아카드의 왕 사르곤이라고 짐작되는 청동제 두상. 메소포타미아에서는 사람들이 머리카락과 턱수염 모양에 신경을 많이 썼다.

물고기가 수메르인의 식생활을 풍요롭게 했다.

소에서 얻은 우유와 버터는 늘어나는 사람들에게 식량이 되었다.

수메르인들은 당나귀가 끄는 네 바퀴 달린 전차를 타고 현재의 이란 지역에서 살았던 엘람 인들과 싸웠다.

서기들은 점토판에 가축과 농작물의 주인에 관해 자세히 기록했다.

수메르인들은 금·은·구리의 사용 방법을 알았고, 그 뒤 구리와 주석을 섞어서 청동을 만드는 방법을 발견했다.

기원전 4000년쯤, 사람 대신 소가 끄는 새로운 쟁기를 만들었다.

대추야자의 열매는 먹고, 줄기와 잎은 여러 용도로 이용했으며, 찌는 땔감으로 썼다.

우르의 항구와 유프라테스 강을 운하로 연결했다.

우르에는 인도와 딜문(오늘날의 바레인)에서 오는 상품들을 부릴 수 있는 항구가 있었다.

수메르인들은 신들이 왕을 임명한다고 믿었다. 그들은 그 영광이 하늘에서 처음으로 에리두에 있는 신전에 내려 왔다고 생각했다.

0 25 50 75 100 km

페르시아 만

이집트—나일 강의 문명 Egypt - Life on the Nile

수천 년 전, 한 무리의 사냥꾼들이 나일 강 유역으로 이동했다. 그들은 먹을거리와 물이 풍부한 이곳에 정착하여 기원전 5,000년경에는 농경생활을 하기 시작했다.

이 농민들의 번영하자 공동체들이 뭉쳐서 두 왕국을 이루었다. 하나는 남부의 상이집트, 하나는 북부의 하이집트였다.

기원전 3,100년경, 상이집트가 하이집트를 정복해 통일 국가를 이루면서

이집트 문명이 꽃을

이집트인은 수메르인처럼 문자를 발명했으며, 많은 예술 작품을 만들고, 거대한 신전과 피라미드를 세웠다.

홍수

해마다 여름이 되면 나일 강이 시작되는 산악 지대에 비가 많이 내려 하류 유역의 평지로 흘러넘쳤다. 농부들은 운하를 파고 저수지를 만들어 넘치는 물을 저장해 경작에 이용했다. 나일 강의 홍수가 나면 양분이 많은 진흙이 운반되어 강 유역을 기름지게 했다.

해외 무역

나일 강 유역의 기름진 농경지에서 생산되는 식량이 풍부해지면서 이집트인들은 남은 식량을 동쪽의 가나안, 남쪽의 누비아와 푼트, 서쪽의 리비아에 팔았다. 그 뒤에는 크레타, 그리스, 바빌로니아와도 무역했다. 농작물, 아마포, 파피루스, 수공예 제품을 수출하고 목재, 향료, 노예, 은, 구리, 주석, 말, 포도주를 수입했다.

말, 노예, 도기는 팔레스타인에서 수입했다

나일 강의 배들

작은 배는 강바닥 엮어 만들었고, 큰 배는 밧줄로 나무를 얽고 나무못을 박아 만들었다. 사람들은 배를 분해해서 동부 사막을 가로질러 홍해로 옮기기도 하고, 나일 강의 흐름을 방해하는 바위 지대를 돌아 옮기기도 했다. 장애물을 지나면 배를 다시 조립하여 강에 띄웠다. 나일 강은 이집트의 가장 중요한 교통로였다.

오른쪽은 오늘날 카이로에 있는 사원인데, 고대의 장벽이 규모가 매우 작다. 고대 이집트인들은 진이 서는 곳에서 생필품을 구입했다.

푼트로 가는 교역로

무역선들은 멀리까지 항해했다. 지금도 삼각돛을 단 작은 배들이 나일 강을 오르내린다

이집트인들은 나일 강의 범람을 피해 고기가 많은 늪을 곳곳에 만들었다

나일 강 유역의 범람 뒤의 늪을 말리는 도랑에 의해 나누어졌다

곡물을 창고로 만든 항아리 비슷한 바구니에 저장했다

시나이 반도

동부 사막

나일 강의 고기잡이

테베로 광산, 구리 광산으로 가는 교역로

북
서 ─ 동
남

지중해
홍해

아비도스
파피루스
멤피스
기자
아스완
타니스
나일 강의 삼각주
파이윰 오아시스
헬리오폴리스
헤라클레오폴리스
악소림
악밀레타
룩소르
카르나크
아비도스
콥토스
테베
에드푸
아스완
쿠시

비례 10 마일
교역로

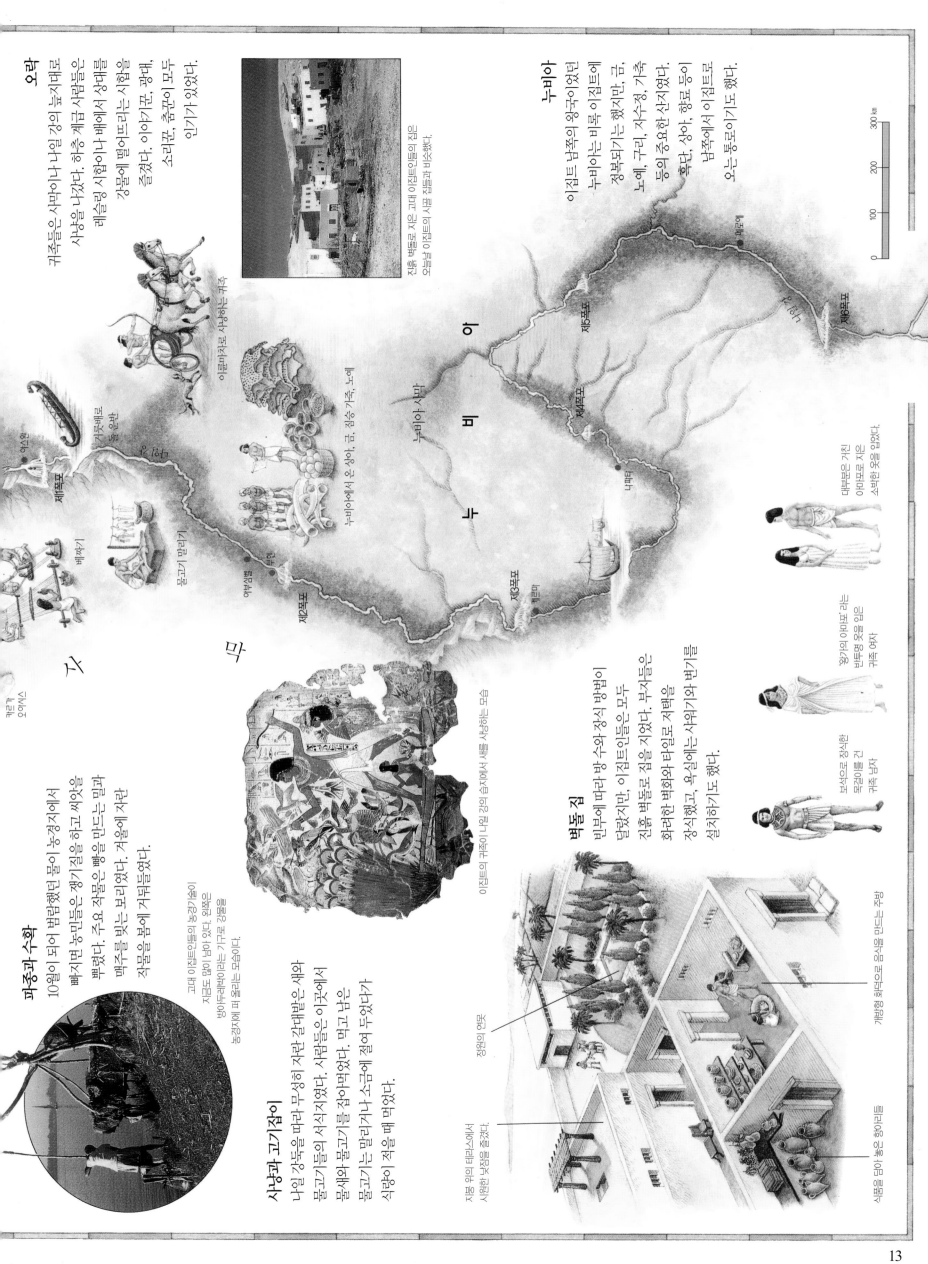

오락

가족들은 사막이나 나일 강의 늪지대로 사냥을 나갔다. 하층 계급 사람들은 레슬링 시합이나 배에서 상대를 강물에 떨어뜨리는 시합을 즐겼다. 이야기꾼, 광대, 소리꾼, 춤꾼이 모두 인기가 있었다.

진흙 벽돌로 지은 고대 이집트인들의 집은 오늘날 이집트의 시골 집들과 비슷했다.

누비아

이집트 남쪽의 왕국이었던 누비아는 비록 이집트에 정복되기는 했지만, 금, 노예, 구리, 자수정, 가축 등의 중요한 산지였다. 흑단, 상아, 향료 등이 남쪽에서 이집트로 오는 통로이기도 했다.

0 100 200 300 km

이마포가 운반상, 금, 검은 가축, 노예

누비아에서 운반상, 금, 검은 가축, 노예

왕가의 이마포 라는 반투명 옷을 입은 귀족 여자

대부분을 가린 이마포로 지은 소박한 옷을 입었다.

보석으로 장식한 목걸이를 건 귀족 남자

벽돌집

빈부에 따라 방 수와 장식 방법이 달랐지만, 이집트인들은 모두 진흙 벽돌로 집을 지었다. 부자들은 화려한 벽화와 타일로 저택을 장식했고, 옥상에는 샤워기와 변기를 설치하기도 했다.

지붕 위의 테라스에서 시원한 낮잠을 즐겼다.

정원의 연못

개방형 화덕으로 음식을 만드는 주방

식량을 담아 놓은 항아리들

파종과 수확

10월이 되어 범람했던 물이 농경지에서 빠지면 농민들은 쟁기질을 하고 씨앗을 뿌렸다. 주요 작물을 만드는 밀과 맥주를 빚는 보리였다. 겨울에 자란 작물을 봄에 거두었다.

고대 이집트인들의 농경기술이 지금도 남아 있다. 왼쪽은 샤두프라이는 기구로 강물을 농경지에 퍼 올리는 모습이다.

사냥과 고기잡이

나일 강둑을 따라 무성히 자란 갈대밭은 세와 물고기들의 서식지였다. 사람들은 이곳에서 물새와 물고기를 잡아먹었다. 먹고 남은 물고기는 말리거나 소금에 절여 두었다가 식량이 적을 때 먹었다.

이집트의 귀족이 나일 강의 습지에서 새를 사냥하는 모습

이집트 – 파라오와 피라미드 *Egypt -Pharaohs & Pyramids*

파라오라고 불린 왕은 권력이 막강했다. 이집트인들은 왕이 권력의
상징물을 손에 들고 왕좌에 앉으면 태양신 호루스의 혼이 그에게
머물러 지상의 신이 된다고 믿었다. 그들은 사후 세계를 믿었기 때문에
파라오가 죽은 뒤에는 그가 쓰던 옷, 가구, 보석, 장신구 등을 함께
피라미드에 묻었다. 초기의 피라미드는 왕이 걸어 올라가
신과 결합할 수 있도록 외벽에 계단을 놓았지만, 이후에는
도굴꾼들 때문에 피라미드의 외벽을 반듯하게 했다.

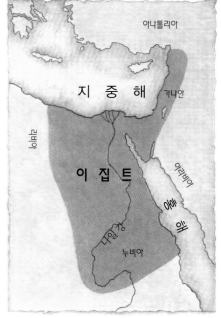

기원전 1,400년경, 이집트가 지배한 지역.
신왕국의 파라오들은 넓은 지역을 정복하여
큰 제국을 이루었다.

왕의 아내

왕은 아내를 여럿 둘 수 있었지만, 이집트의 왕을
신의 자손이라고 믿었기 때문에 왕비는 왕족이어야
했다. 신의 피가 묽어져서는 안 된다는 이유에서
였다. 그래서 왕은 자기의 누이나 가까운 친척
여자와 결혼했고, 왕의 맏아들이 왕의 자리를
이었다. 파라오들이 이집트를 통치했던
약 3,000년 동안은 고왕국,
중왕국, 신왕국으로 나뉜다.

이집트인의 생명력을
상징하는 앙크, 행운을
가져다 준다는 부적이었다.

지

중왕국의 파라오인 세누세르트 3세는
군대를 이끌고 남쪽으로 가서 누비아인을
정벌하고, 변두리의 요새를 굳건히 다졌다.

신왕국 초기의 파라오 하트셉수트
여왕은 남편이 죽자 의붓아들인
투트메스 3세를 제치고
왕이 되었다.

투탕카멘 왕과
앙케세나멘 왕비가
태양신의 빛을
받으며 쉬고 있다.

지도 보기

△	피라미드
⌂	신전
⊓	무덤
▮	오벨리스크

통치

이집트의 왕은 법을 집행하고 군대를 관리했다.
중요한 종교 행사가 있으면 직접 신전에서 의식을
올렸으며, 선물을 바치러 온 외국의 군주들을 왕비와
함께 접대했다. 효율적인 통치를 위해 상이집트와
하이집트에 각각 장관을 두고, 군의 장교와 서기,
사제도 두었다.

죽은 사람을 안내하는 신
아누비스(자칼 머리)

태양신 케프리
(풍뎅이 머리)

하늘의 신 호루스(매 머리)

지혜의 신 토트(따오기 머리)

저승의 신 오시리스

신들의 머리

이집트인들이 섬긴 많은 신의 몸은 사람과 같지만, 머리는
자신의 힘을 상징하는 새나 짐승의 머리였다. 종교 의식이
있을 때를 제외하면 신들의 조각상은 신전에 모셔졌다.
이집트인들은 거대한 신전을 아름답게 장식해 신들을
숭배했다. 신왕국 때의 가장 위대한 신은 아멘이었다.
신들의 왕인 아멘의 신전은 지금도 카르나크에 남아 있다.

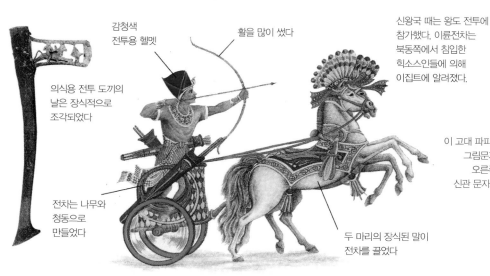

감청색 전투용 헬멧

활을 많이 썼다

신왕국 때는 왕도 전투에 참가했다. 이륜전차는 북동쪽에서 침입한 힉소스인들에 의해 이집트에 알려졌다.

의식용 전투 도끼의 날은 장식적으로 조각되었다

전차는 나무와 청동으로 만들었다

두 마리의 장식된 말이 전차를 끌었다

신왕국 병사의 무기였던 단검

이집트의 군대
고왕국, 중왕국 때는 국경을 지키는 작은 보병 부대만 있었고, 비상사태가 생기면 민간인들이 소집되었다. 그러나 신왕국 때는 처음으로 말과 전차가 사용되었고, 제국을 지배하기 위한 거대한 상비군이 만들어졌다.

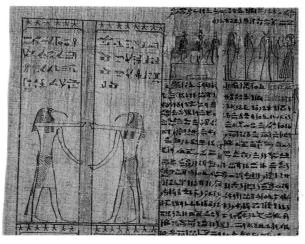

문자의 발달
기원전 3,300년경, 이집트인들은 신성문자라는 그림문자를 개발했다. 그러나 신성문자에는 그림문자가 700자 이상이나 있어 쓰는 데 오래 걸렸다. 그래서 속기용 문자인 신관 문자를 쓰게 되었다. 파피루스의 줄기를 말려서 만든 종이에 문자를 기록했다.

이 고대 파피루스의 왼쪽은 그림문자(신성문자)로, 오른쪽은 쓰기 쉬운 신관 문자로 기록되었다.

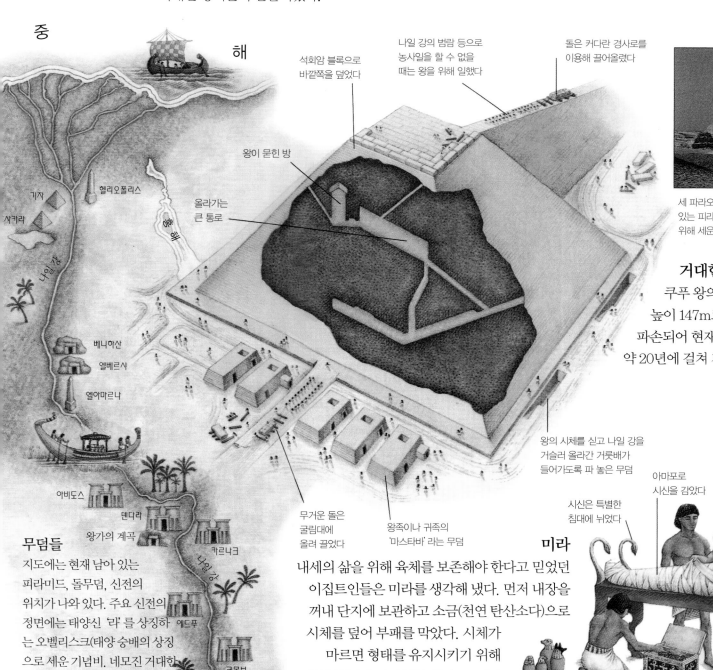

중

해

석회암 블록으로 바깥쪽을 덮었다

나일 강의 범람 등으로 농사일을 할 수 없을 때는 왕을 위해 일했다

돌은 커다란 경사로를 이용해 끌어올렸다

왕이 묻힌 방

올라가는 큰 통로

무거운 돌은 굴림대에 올려 끌었다

왕족이나 귀족의 '마스타바'라는 무덤

왕의 시체를 싣고 나일 강을 거슬러 올라간 거룻배가 들어가도록 파 놓은 무덤

세 파라오(쿠푸, 카프라, 멘카우라)를 위해 세운 기자에 있는 피라미드. 작은 피라미드들은 그들의 왕비들을 위해 세운 것이다.

거대한 피라미드
쿠푸 왕의 피라미드가 가장 크다.(왼쪽) 높이 147m로 지어졌지만, 꼭대기 부분이 파손되어 현재는 137m이다. 10만 여명이 약 20년에 걸쳐 지은 것으로 추정된다.

무덤들
지도에는 현재 남아 있는 피라미드, 돌무덤, 신전의 위치가 나와 있다. 주요 신전의 정면에는 태양신 '라'를 상징하는 오벨리스크(태양 숭배의 상징으로 세운 기념비. 네모진 거대한 돌기둥인데, 위쪽으로 갈수록 가늘어지며, 꼭대기는 피라미드처럼 되어 있다)가 세워졌다.

미라
내세의 삶을 위해 육체를 보존해야 한다고 믿었던 이집트인들은 미라를 생각해 냈다. 먼저 내장을 꺼내 단지에 보관하고 소금(천연 탄산소다)으로 시체를 덮어 부패를 막았다. 시체가 마르면 형태를 유지시키기 위해 향료를 넣고 아마포로 쌌다. 그리고 붕대로 감고 관에 넣었다.

금과 보석으로 장식된 투탕카멘 왕의 관

아마포로 시신을 감았다

아누비스의 모습을 한 미라 책임자

시신은 특별한 침대에 뉘었다

내장을 넣는 '카노푸스의 단지' (뚜껑이 사람이나 동물 모양)

내세에서 쓸 보석들

인더스 문명
Indus Valley Civilization

기원전 2,500년경, 현재 인도와 파키스탄이 있는 인더스 강 유역에서 위대한 문명이 발달했다. 사람들은 강가의 기름진 땅에서 농사를 짓고, 진흙 벽돌로 집을 지었다. 인구가 각각 4만여 명이나 되었던 모헨조다로와 하라파에는 도시를 둘러싼 성벽 안에 진흙과 벽돌로 쌓은 거대한 언덕이 있었다. 도시의 지배자는 이 언덕 꼭대기의 요새에서 살면서 도시 전체를 내려다보았다. 그러나 기원전 1,900년경, 이 두 도시는 무슨 이유에서인지 갑자기 모습을 감추었다.

모헨조다로의 유적에서 발굴된 조각상. 이 남자는 성직자와 왕을 겸했을 것이다.

인더스 강 유역 사람들은 가족을 부양하기 위해 혹은 단순한 스포츠로 동물을 사냥했다

기원전 1,500년경, 인도 아리아인이 인더스 강 유역을 침입했다. 인더스 문명이 멸망한 원인들 중 하나였을 것이다.

인 더 스

인더스 강 유역에는 항아리와 벽돌을 만드는 진흙이 많았다. 큰 건물을 짓는 단단한 벽돌은 가마에서 구웠다

모헨조다로에 있는 큰 목욕탕. 지배자와 성직자들이 종교 의식을 치르기 전에 여기에서 목욕했다

수트칸겐도르

찬후다로

암리

그물은 물고기를 잡을 만큼 질긴 무명실로 떴다

농민들은 홍수를 관리하여 범람한 강물을 농작물에 댔다

깨끗한 생활

부유한 사람들은 교외에 안락한 집을 짓고 살았다. 옥상에서는 일을 하거나 휴식을 취했고, 가구는 적었지만 우물과 배수관을 갖춘 욕실이 있었다. 청결을 매우 중요하게 생각하여 종교 의식을 치를 때는 목욕을 했다. 쓰고 난 물은 하수관으로 흘려보냈다.

시내를 내려다볼 수 있는 요새와 성에는 중요한 건물이 있었다

무더운 여름밤에는 시원한 옥상에서 자기도 했다

지붕에서 농산물을 말리기도 했다

모헨조다로의 전형적인 집과 거리의 모습

간단하게 짠 나무틀에 가늘고 길게 자른 짐승 가죽으로 엮은 침대

배수관이 거리의 하수관과 연결된 화장실

아라비아 해

출입문은 거리 쪽에 냈지만, 창문은 사생활 보호를 위해 안뜰 쪽에 냈다

길 아래에는 하수관이 있었다

안뜰을 내려다볼 수 있는 나무 발코니

집마다 우물이 있어 언제든 시원한 물을 퍼 올렸다

수메르로 가는 교역로

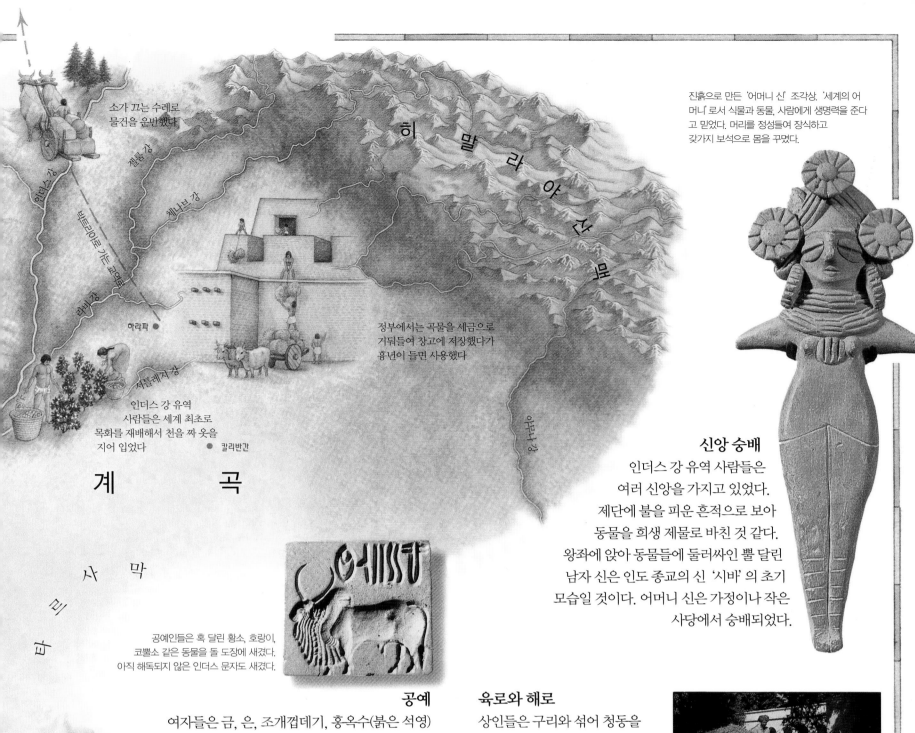

소가 끄는 수레로
물건을 운반했다

히 말 라 야 산 맥

진흙으로 만든 '어머니 신' 조각상. '세계의 어
머니'로서 식물과 동물, 사람에게 생명력을 준다
고 믿었다. 머리를 정성들여 장식하고
갖가지 보석으로 몸을 꾸몄다.

정부에서는 곡물을 세금으로
거둬들여 창고에 저장했다가
흉년이 들면 사용했다

하라파

인더스 강 유역
사람들은 세계 최초로
목화를 재배해서 천을 짜 옷을
지어 입었다

칼리반간

계 곡

사 막

타 르

공예인들은 혹 달린 황소, 호랑이,
코뿔소 같은 동물을 돌 도장에 새겼다.
아직 해독되지 않은 인더스 문자도 새겼다.

신앙 숭배

인더스 강 유역 사람들은
여러 신앙을 가지고 있었다.
제단에 불을 피운 흔적으로 보아
동물을 희생 제물로 바친 것 같다.
왕좌에 앉아 동물들에 둘러싸인 뿔 달린
남자 신은 인도 종교의 신 '시바'의 초기
모습일 것이다. 어머니 신은 가정이나 작은
사당에서 숭배되었다.

공예

여자들은 금, 은, 조개껍데기, 홍옥수(붉은 석영)
등으로 만든 화려한 목걸이, 팔찌, 귀고리
등을 착용했다. 기하학적인 무늬와 꽃무늬가
그려져 있는 도기도 발달했으며,
공예가들은 비눗돌(부드럽고
희끄무레한 비누같은 돌)로
상인들의 도장을 만들었다.

육로와 해로

상인들은 구리와 섞어 청동을
만드는 주석, 장신구를 만드는
준보석 등을 현재의 아프가니
스탄과 페르시아에서 육로로
수입했다. 로탈의 해안에는
벽돌로 만든 항구가 있어 만조 때만 배가
특별한 수로를 통해 들어갈 수 있었다.
이곳에서는 상아, 목재, 무명, 보석, 향료
등이 거래되었다.

인더스 문명이 꽃피웠던 현재의
파키스탄에서는 지금도 소가 끄는
수레가 거리를 지나다닌다.

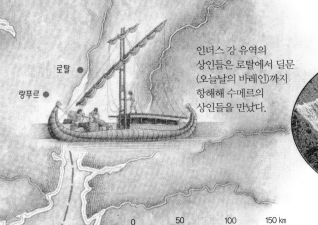

로탈

랑푸르

인더스 강 유역의
상인들은 로탈에서 딜문
(오늘날의 바레인)까지
항해해 수메르의
상인들을 만났다.

인도 북부의 구릉 지대. 한때 숲에 덮여 있었지만,
무분별한 이용으로 황폐해졌다.

0   50   100   150 km

캄베이 만

사라진 인더스 문명

인더스 문명이 왜 쇠퇴했는지 아무도 모른다. 홍수,
가뭄, 질병과 같은 자연 재해, 무분별한 벌목으로
인한 토지의 황폐화 등이 원인이었을 것이다.
그리고 인구 증가에 따라 더 많이 필요해진 식량과
옷감을 대기 위해 방목했던 양과 소가 풀을 마구
먹어 치워 토지를 더 황폐화시켰을 것이다. 결정적
으로 기원전 1,500년경, 새로운 터전을 찾아 침입해
온 인도 아리아인들에 의해 인더스 문명은 멸망했을
것이다.

유럽 –거석을 세운 문명 *Europe - The Monument Builders*

기원전 약 2,500~1,000년, 서유럽인들은 신들을 위해 커다란 돌들을 큰 원 모양이나 나란히 줄을 지어 세웠다. 이 고대의 유적이 잉글랜드 남부에 있는 '스톤헨지' 이다. 돌들을 원형으로 세운 것은 종교적인 의식이었거나 해와 달의 움직임을 알기 위해서였을 것이다. 기원전 4,000년경, 농경생활이 아나톨리아(오늘날의 터키)에서 유럽으로 퍼졌다. 유럽인들은 나무로 집을 짓고, 땅을 일구어 농작물을 재배했다. 주석을 발견하여 구리와 섞어 청동을 만들어 단단한 도구와 무기를 만들었다. 이것이 유럽 청동기 시대의 시작이었다.

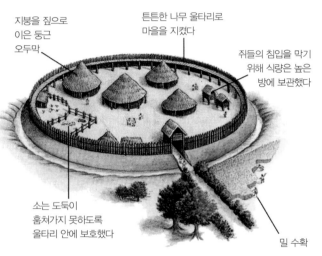

지붕을 짚으로 이은 둥근 오두막

튼튼한 나무 울타리로 마을을 지켰다

쥐들의 침입을 막기 위해 식량은 높은 방에 보관했다

소는 도둑이 훔쳐가지 못하도록 울타리 안에 보호했다

밀 수확

마을 생활
유럽인들은 대부분 작은 마을을 이루고 살았다. 집은 나무, 짚, 돌, 잔디 등 주변에서 쉽게 구할 수 있는 재료로 지었다. 밀과 보리를 재배하고 과일을 따 먹었으며, 소, 돼지, 양, 염소 등을 길렀다. 쓰레기장의 흔적에서 그들의 식습관을 알 수 있다.

스톤헨지의 역사
기원전 2,800년경, 유럽인들은 고리 모양으로 여러 개의 구멍을 파고, 이것을 원형의 도랑과 흙둑으로 에워쌌다. 그리고 몇 백 년 뒤, 웨일스 지방에서 가져온 블루스톤(푸른빛이 도는 점토질 사암)으로 이중의 원을 더 만들었다. 그 뒤 기원전 1,600년경, 블루스톤을 사선이라는 거대한 사암으로 바꾸어 원 모양으로 배치하고, 중앙에는 그보다 훨씬 큰 돌들을 놓았다.

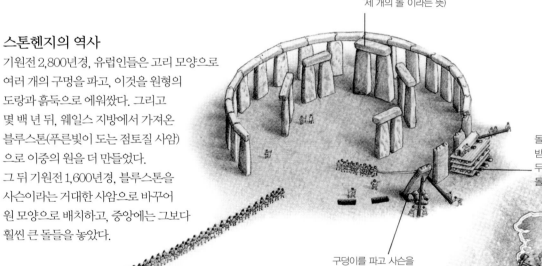

트릴리톤(삼석탑. 그리스어로 '세 개의 돌'이라는 뜻)

돌 아래에 통나무로 받침대를 만들고, 두 개의 사선 위에 돌을 올렸다

구덩이를 파고 사선을 넣어 똑바로 세웠다

돌을 썰매 같은 통나무에 묶고, 그 통나무를 둥근 굴림대 위에 올려서 끌었다

죽음과 매장
거석 문명을 일으킨 사람들 역시 죽음 뒤의 삶을 믿었다. 사람이 죽으면 내세에서 쓸 항아리, 연장 등 개인 소유물들을 함께 묻었고, 일부 사람들은 금과 청동으로 만든 부장품과 함께 큰 무덤에 묻혔다. 그러다 기원전 1,200년경, 언필드(화장한 뼈를 담은 단지를 묻은 묘지)라는 새로운 문화가 발달하기 시작했다.

지도 보기
- 스톤 애버뉴
- 스톤 서클
- 무덤
- 주석광

0 100 200 300 400 km

북

스코틀랜드

아일랜드

웨일스

잉글랜드

청동으로 만든 무기와 갑옷으로 무장한 부족의 우두머리

곡물은 돌로 갈아 가루로 만들었다.

캘러니시

스카라브레

벨리노

몰드

브레니그

펜게이트

러니미드

스톤 서클

실리 제도

잘스호프

세틀랜드 제도

대 서 양

케르노네

카르나크

에르라니크

유럽에는 숲이 울창해서 농지가 필요하면 숲을 개간했다.

유

프랑스

중요한 교역품이었던 주석은 대부분 에스파냐에서 채굴되었다

코르테스데 나바라

에브로 강

타호 강

에스파냐

로스밀라레스의 무덤으로 가는 장례 행렬

발레아레스 제도

로스밀라레스

지

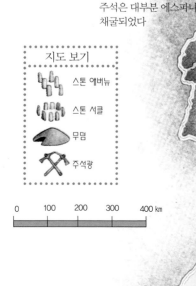

아 프 리 카

동물의 뼈로 만든
낚싯바늘과 그물로
고기를 잡았다.

청동기 시대로

기원전 2,000년경까지 금속
제품은 구리로 만들었다.
구리는 무른 금속이어서
연장과 무기의 날이 쉽게
무뎌졌다. 금속 세공사들은
서유럽에서 나는 주석을
구리에 10% 섞어 청동을
발명했다. 청동은 가공이 쉽고,
단단하고 날카로운 무기, 갑옷,
농기구를 만들 수 있었다.

스칸디나비아 반도

바위에 새긴 부조물들.
청동기 시대 유럽인들이
노 젓는 배를 이용했음을
보여준다.

트룬드홀름에서 발굴된 작품.
청동과 금으로 만들었으며,
60cm쯤 된다. 마차가 해를
끌고 있다.

할룬다

덴마크

트룬드홀름

키비크

발트 해

활발한 교역

생산지에서 멀리 떨어진 곳에서 발굴된
금속과 보석 등은 사람들이 교역을 활발히
했음을 보여준다. 발트 해 연안에서 수집된
호박은 육로를 통해 남유럽으로 옮겨졌고,
그곳에서 미케네의 상인에 의해 지중해 동쪽
연안으로 옮겨졌다. 주석은 영국, 에스파냐,
프랑스, 이탈리아에서 동유럽으로 옮겨졌다.

덴마크에서
발굴된 뿔 달린
투구는 의식을
치를 때만 썼을
것이다.

엘프

발트 해 연안에서 호박(거칠 시대에
송진 따위가 땅 속에 묻혀 굳어진 보석.
구슬을 만드는 데 쓰였다)을 채집하는
여자들

호박 덩어리를 조각해 만든 컵.
영국 남부의 항구 도시 호브의
옛 무덤에서 발견되었다.

라인 강

게르마니아

엘베 강

오데르 강

헬름스도르프

대장장이가 청동을
거푸집에 부어 도끼날을
만들고 있다.

초원에서
사는 사람들처럼
유럽인들도 말을 길들였다.

블루키나

바르카

카카

우사토베

복장

덴마크의 습지에서 고대의 의복들이
발굴되었다. 무늬가 있는 옷은 털실과
아마로 짠 옷감으로 지었고, 무늬가 없는
옷은 가죽과 모피로 지었다. 남자는 짧은
윗옷을 입고, 여자는 스커트에 모직
윗옷을 입었다. 모두 헐렁한 외투를
입었으며, 흑옥, 동물의 뼈, 돌 등으로
만든 단추와 금속 핀, 띠로 옷을 고정
시켰다. 일부 여자들은 머리카락을 뒤로
따서 묶었다. 머리카락을 고정시킨
핀들이 옛 무덤에 있는 시신의 머리
뒷부분에 지금도 남아 있다.

럽

스위스

바서부르크

도나우 강

호수 위 섬에 마을을
이루기도 했다

죽은 사람을 화장한 뼈를
담아 묻은 도기가 유럽
여러 지역에서 발견된다.

몬테오루

흑 해

포 강

고몰라바

도나우 강

바르나

구리 원석에
물을 부어
구리를
뽑아낸다.

아
드
리
아
해

루니

유럽 남동부에서 발견된
어머니 신 조각상. 점토로
만들었는데, 종 모양의
치마를 입었다.

도나
슬라티나

보르시카 섬

농민들은
쟁기로 땅을 갈고
밀과 보리 씨앗을 뿌렸다

이탈리아

그리스

아나톨리아

사르데냐 섬

스클라오
델톤노

미케네

중요한 인물의 어깨를 덮었을 금 세공품.
영국 웨일스 북부에 있는 몰드 근처의
옛 무덤에서 유골과 함께 발굴되었다.

춍

시칠리아 섬

발트 해 연안에서 수집한
호박을 실은 미케네의 배가
지중해 동쪽 연안으로 가고 있다

엔

몰타 섬

크레타 섬

미노스와 미케네 *Minoans & Mycenaeans*

4천 년쯤 전, 지중해의 크레타 섬은 유럽 최초의 문명 중심지였다. 지배자는 이 섬 크노소스의 화려한 궁전에서 살았다. 크레타인들은 항해술이 뛰어나 지중해 연안에서 사는 사람들과의 교역을 통해 부유해졌다. 이 사람들이 전설적인 크레타의 왕 미노스의 이름을 따서 붙인 미노스인이다. 이들은 크게 번창했지만, 기원전 1,450년경, 그리스 본토에서 침입한 미케네의 군대에 점령되었다. 이 침입자들은 그들 문명의 유적이 처음으로 발견된 도시인 미케네의 이름을 따서 미케네인이라고 불렸다. 두 문명 사람들은 모두 초기 형태의 그리스어를 사용했고, 여신들을 중요하게 생각했다.

궁전들이 있는 섬

크레타 섬의 크노소스, 말리아, 자크로스, 파이스토스에서 궁전의 유적이 발굴되었다. 궁전의 건물들은 종교 의식을 치르는 안뜰을 둘러싸고 있었다. 가장 큰 크노소스의 궁전은 5층 건물에 1,300개의 방이 있었다. 왕의 방은 궁전의 생활과 돌고래가 뛰어 오르는 바다 풍경이 그려진 프레스코 (회벽에 그린 수채화)로 장식했다. 상하수도 시설이 갖추어져 있어 빗물이 궁전을 관통하는 점토관을 지나 욕실과 화장실로 흘러갔다.

미케네의 궁전은 높은 언덕 위에 지었고, 방어를 위해 큰 돌로 쌓은 높은 벽으로 둘렀다. 외눈박이 거인 키클롭스가 이 벽을 쌓았다고 전해져 '키클롭스의 벽'이라고 한다.

포도를 큰 통에 넣고 발로 밟아 주스나 포도주를 만들었다.

이올코스

낫으로 곡식을 거둬들였다.

멧돼지 사냥

미노스인과 미케네인들이 만든 금세공 귀고리 장식품

오르코메노스

글라

테베

그 리 스

미케네

아테네

청동 갑옷을 입고, 돼지의 어금니들로 장식한 투구를 쓴 미케네의 전사

티린스

미케네 초기의 왕들은 돌을 둥그렇게 쌓은 무덤에 묻혔다.

뱀의 여신 미노스인들의 유행에 따라 주름 장식 스커트와 꽉 끼는 코르셋을 입고, 가슴을 내놓고 있다.

필로스

여자들은 막대기로 올리브나무를 쳐서 열매를 떨어뜨리고, 남자들은 열매를 돌 압착기에 넣어 요리와 등잔에 쓸 기름을 짰다.

기원전 1,450년경, 미케네인들은 바다를 건너 크레타 섬을 점령했다.

에게 해

지

시칠리아 섬으로 가는 교역로

크노소스 궁전 복원

이곳에 있는 왕좌는 유럽에서 가장 오래 된 것이다.

궁전 한가운데의 안뜰에서 소의 등을 뛰어 넘는 경기가 열렸다.

크레타 섬 도시의 집들은 2층이나 3층이었다. 창문이 있고 지붕에 작은 방이 있었으며, 바깥벽은 갖가지 색을 칠했다.

지붕을 우물 모양으로 뚫어 햇빛과 시원한 공기가 궁전 안으로 들어가게 했다.

벽은 이 섬에 있는 석회암으로 쌓았다.

나무 기둥은 붉은색, 푸른색으로 칠했다.

미노스인들은 궁전 주위에 올리브나무를 심었다.

트로이 전쟁

트로이 전쟁은 미케네인들 시대의 전쟁을 바탕으로 한 이야기이다. 트로이의 왕자 파리스가 스파르타의 왕비 헬레네를 아내로 삼으려고 유괴했다. 스파르타의 왕 메넬라오스와 그의 형인 미케네의 왕 아가멤논은 그리스의 영웅들을 불러 모아 트로이로 진군시켜 싸움을 벌였다. 10년 동안이나 성을 포위한 끝에 목마를 속임수로 써서 트로이를 점령했다. 왕자 파리스를 비롯해 많은 트로이의 남자들이 죽고, 헬레네는 남편 메넬라오스에게 돌아갔다.

전설에 따르면, 그리스의 병사들은 트로이 성 포위를 풀면서 거대한 목마를 선물로 남겼다. 트로이인들은 이 목마를 성 안으로 끌어들였다. 밤이 되자 목마 속에 숨어 있던 그리스의 병사들이 나와 성문을 열었다. 그리스 군대가 성 안으로 뛰어들어 트로이를 정복했다.

황금 시대

미케네인들은 언덕 위의 도시 티린스, 굴라, 미케네 등에서 살았다. 왕족은 언덕 꼭대기의 아름다운 궁전에서 살았다. 왕들은 사냥을 좋아해 이륜전차를 타고 사자와 사슴을 사냥했다. 크레타 섬을 점령하자 미케네인들은 동지중해를 주름잡는 상인이 되었다.

한때 아가멤논의 것이라고 생각되었던 마스크, 미케네에서는 왕이 죽으면 왕의 옷을 입히고 황금 마스크를 얼굴에 씌워 묻었다.

어부들은 참치, 고등어, 숭어, 문어 등을 잡았다

그리스의 식민지인 밀레투스의 상인들은 히타이트인들과 교역했다.

기원전 1,450년경, 테라 섬(현재의 산토린 섬)에서 화산이 폭발하여 섬을 날려 버렸다.

문자 기록과 경제

미노스인은 선으로 나타낸 '선문자 A(에이)'를 가지고 있었고, 이후 미케네인이 이것을 발전시켜 '선문자 B(비)'를 만들었다. 지금까지 해독된 것은 '선문자 B' 뿐이다. 미노스와 미케네 모두 왕이 경제를 통제했는데, 세금으로 거둔 밀, 올리브유, 도기, 금속 세공품 등은 궁전에 모아 두었다가 군인, 관리, 공예가 등에게 급료로 주었다. 남은 것은 해외에 팔아 주석, 금, 상아 등을 사들였다.

울루부룬 앞바다에서 침몰한 미케네의 상선에서 도기, 상아, 청동 검 등이 발견되었다.

전설에 따르면, 미노스 왕이 미궁에 가두어 버린 미노타우로스는 황소 머리에 사람 몸을 한 괴물이었다

크레타 섬

크노소스　말리아
파이스토스　자크로스

기름, 곡물, 포도주를 '피소르'라는 커다란 항아리에 저장했다

미노스의 남자와 여자들은 돌진해 오는 소의 등을 뛰어 넘는 훈련을 받았다. 이 종교 의식이 끝나면 소는 희생물이 되어 피가 땅에 뿌려졌다.

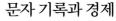

0　25　50　75 km

여신

미노스인과 미케네인들은 뱀의 여신, 바다의 여신, 산모를 돌보는 동굴의 여신 등을 섬겼다. 궁전과 교외에 신전을 세우고 올리브유, 꿀, 포도주 등을 제물로 바쳤다. 남신들은 부수적인 역할을 할 뿐이었고, 미노스인들은 소를 신성시 여겨 궁전 벽화와 도기에 소의 뿔을 그리곤 했다.

도기에는 물고기, 돌고래 등 바다 생물들이 많이 그려져 있다. 미노스인들에게 바다가 매우 중요했음을 알 수 있다.

가나안 -풍요로운 땅
Canaan-Land of Plenty

기원전 2,000년경, 가나안(오늘날의 이스라엘, 레바논, 시리아의 일부와 요르단 일대의 지역) 북부에는 넓은 삼나무 숲이 있었고, 요르단 강과 오론테스 강 유역에는 기름진 땅이 있었다. 그리고 아프리카와 아시아가 만나는 곳이어서 두 지역의 무역을 통제할 수 있는 요지였다. 그래서 이집트부터 메소포타미아까지 많은 제국들이 이 땅을 차지하려고 싸웠다. 사막 언저리에서 방랑 생활을 하는 사람들도 풍요로운 가나안에 정착하기를 바랐다. 가나안인들의 신앙과 생활은 우가리트에서 발견된 점토판에 기록이 남아 있다. 기원전 1,700년 이후에 쓴 이 기록들은 스물일곱 자의 알파벳으로 썼는데, 후에 오늘날 알파벳의 바탕이 되었다. 이집트의 그림문자나 수메르의 쐐기문자보다 쓰기 쉬웠다.

지금의 터키에서 살았던 히타이트인은 가나안을 차지하려고 이집트인과 싸웠다

메소포타미아 북부의 왕국 미탄니도 한때 가나안의 일부를 차지했다

알레포

유프라테스 강

우가리트

작은 왕국의 지배자들은 방어 시설이 갖추어진 도시의 호화로운 궁전에서 살았다

아르바드

이집트의 파라오 투트메스 3세는 오늘날의 시리아 지역까지 정복했다. 그는 운동 삼아 코끼리를 사냥했다

지금의 레바논 지역에서 자란 큰 삼나무들은 이웃 종족들에게 수출되었다

오론테스 강

무역선

미케네로 가는 교역로

비블로스

가나안

밀을 갈아서 빵과 맥주를 만들었다

이집트로 가는 교역로

티레

하조르 교외의 포도밭을 지키고 있다

하조르

갈릴리 호

메기도

메기도의 언덕 꼭대기에서 성직자가 제물로 염소를 죽이고 있다

유목민들이 가나안의 변두리에서 양과 염소를 쳤다. 그들 일부는 용병이 되고, 일부는 도둑이 되었다

여러 차례의 전란으로부터 여리고를 지켰던 튼튼한 망루가 기원전 1,560년경, 이집트인들이 힉소스인들을 정복할 때 무너졌다

여리고

라키시

예루살렘

헤브론

사해

| 0 | 25 | 50 | 75 | 100 km |

이집트인들은 정복 지역을 통제하려고 종종 군대를 보냈다

여리고에서 발견된 사람 머리 모양의 꽃병. 기원전 1,700년경에 만들어졌다.

메기도에서 발굴된 상아 조각품. 가나안의 왕과 전쟁 포로들이 새겨져 있다.

신앙 숭배
가나안 최고의 신은 하늘을 지배하는 '엘' 이었지만, 대중적인 신은 날씨를 주관하는 하다드(바알. 아내는 사랑의 여신 아스타르테)였다. 성직자들은 신전에서 신들을 섬겼지만, 언덕 꼭대기의 개방된 신전에서도 신들을 섬겼다. 이곳에서는 신의 혼이 깃들었다는 기둥들 앞에서 동물을 산 제물로 바쳤다.

생활
기원전 1,500년경까지 가나안의 각 도시에는 주위의 농지와 마을을 다스리는 왕이 있었다. 비블로스의 상인들은 지중해를 건너 목재, 은, 상아 등을 이집트와 그리스의 미케네로 운반했으며, 공예인들은 장식품과 항아리를 만들었다. 사회의 근간이었던 농민들은 소, 양, 염소를 기르고 당나귀로 짐을 운반했다.

가나안 사람들이 섬겼던 바알신의 청동상. 천둥을 관장했다.

여리고
세계에서 가장 오래 된 도시 가운데 하나인 여리고에는 식량과 물이 많아 기원전 8,000년경, 사냥꾼들과 채집자들이 정착했다. 사해에서 나는 소금과 천연 아스팔트를 해외에 팔아 부유해지자 그들은 진흙 벽돌로 집을 짓고 농사를 지었다. 도시와 재산을 지키려고 도시 둘레에 벽을 쌓고 망루를 지었다.

헤브루 왕국 *Kingdoms of the Hebrews*

성경에 따르면, 이집트에서 파라오들을 위해 강제 노역을 했던 헤브루인(히브리인)은 노예 상태에서 탈출하여 약속의 땅 가나안으로 돌아가 나라를 세웠다. 그런데 기원전 1,200년경, '바닷사람들' 이라고 알려진 한 무리의 펠레셋(팔레스타인)인들이 가나안의 남부에 정착했다. 이후 팔레스타인과 헤브루는 2백 년 가까이 각각 독립을 지키다가 기원전 1,020년경, 헤브루가 팔레스타인에 맞서 이스라엘이라는 왕국을 세웠다. 새 왕국은 사울, 다윗, 솔로몬 왕의 통치로 번영했다. 그러나 기원전 922년에 솔로몬이 죽자 왕국이 북부의 이스라엘, 남부의 유다로 나뉘었다. 유다 왕국 사람들은 그 뒤 유대인이라고 불렸다.

솔로몬 왕국

다윗 왕이 팔레스타인을 무찌르고 수도 예루살렘을 세운 뒤 이스라엘은 솔로몬 왕 때 전성기를 맞았다. 기원전 960년쯤에서 922년쯤까지 왕국을 다스렸던 솔로몬 왕은 이집트의 공주를 왕비로 맞아들이는 등 이웃 나라들과 사이좋게 지냈다. 세금을 거둬 헤브루인으로 서는 최초로 신전을 세우기도 했다.

1947년, 사해 북서쪽 해안의 쿰란에 있는 동굴(위 사진)에서 '사해 문서'라는 고대 유대인의 문서들이 발견되었다.

솔로몬의 신전

가장 신성한 곳은 금을 입힌 벽돌로 장식했다

중앙의 벽은 북쪽 지방에서 가져온 삼나무로 만들었다

'야힌' 과 '보아스' 라고 불린 청동 기둥

신전은 석회암으로 지었다

금으로 만든 게루빔(천사) 둘이 '계약의 상자' 를 지켰다

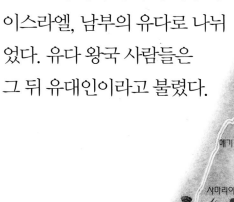

헤브루인들은 밀, 보리, 무화과, 멜론, 석류, 그리고 여러 가지 나무 열매를 생산했다

기원전 721년, 아시리아의 왕 사르곤 2세가 이스라엘 수도 사마리아를 정복했다

지 중 해

이스라엘의 양치기 소년 다윗이 팔레스타인의 골리앗을 돌팔매로 죽였다

메기도

페니키아

갈릴리 호

사마리아

이 스 라 엘

요단강

예루살렘
베들레헴

여리고
쿰란
사해

암 몬

유 다

방이 넷 있는 집에서 살았던 헤브루인들은 적의 습격에 대비해서 집들을 줄지어 짓기도 했다

지중해 북동쪽 연안에서 온 '바닷사람들' 은 서아시아에서 새로운 거주지를 찾았다

팔레스타인

베르세바

마사다

모 아 브

서기 74년, 로마가 마사다의 요새를 함락했다. 요새를 지키던 유대인들은 포로 대신 자살을 택했다.

에 돔

남아라비아의 왕국들이 향료 무역을 지배했다. 시바(남서아라비아에 있던 나라)의 한 여왕이 솔로몬 왕의 지혜를 시험해 보려고 그를 찾아갔다.

성경에 따르면, 예언자 모세가 헤브루인들을 이끌고 이집트에서 가나안으로 왔다

에지온게베르

시나이 반도에서 캔 구리는 에지온게베르 항구에서 수출되었다

셀레우코스 왕조의 안티오코스 4세가 새겨진 주화. 그는 그리스로부터 유다를 빼앗고, 유대교를 탄압했다. 그러자 기원전 168년, 마카베우스가 이끈 유대인들이 반란을 일으켰다.

구약성서와 신전

'야훼'(여호와)라는 유일신을 섬겼던 유대인들의 종교적인 계율과 역사적인 사건들이 구약성서에 기록되어 있다. 십계명을 새긴 두 장의 석판을 안치하기 위해 솔로몬이 예루살렘에 지은 신전은 헤브루인들에게 종교 생활의 중심이 되었다.

예루살렘을 떠나

예루살렘은 끊임없이 아시리아, 바빌로니아, 페르시아, 그리스, 로마의 위협을 받았다. 결국 기원전 34년, 로마가 임명한 헤롯 대왕과 그의 후계자들의 폭정에 못 이겨 유대인들은 대부분 이 땅에서 떠날 수밖에 없었다.

시나이 반도

무역선

홍해

0 25 50 75 100 km

인도양으로

페니키아인–바다의 지배자
Phoenicians-Rulers of the Sea

기원전 1,200년경, '바닷사람들'이 오고 미케네 문명이 무너지면서 지중해 지역이 큰 혼란에 빠졌다. 그러자 가나안이 이 지역의 주도적인 교역국으로 떠올랐다. 가나안인의 후손인 페니키아인은 교역을 위해 배에 삼나무 목재, 유리 그릇, 상아, 자줏빛 천 등을 싣고 지중해 연안 지역을 탐험했다. 기원전 700년경에는 몰타, 시칠리아, 사르데냐, 그리고 멀리 에스파냐까지 가서 식민 도시 아르바드, 비블로스, 베리투스(베이루트), 시돈, 튀로스(오늘날의 레바논)를 세웠다. 가장 유명한 곳은 아프리카에 세운 카르타고였다.

기원전 4세기에 새겨진 페니키아 글자. 기원전 1,000년경, 페니키아인은 자음으로만 된 스물두 글자의 간단한 알파벳을 창안했다. 그 뒤 그리스인이 모음을 보태 오늘날의 알파벳을 만들었다.

영국 제도로 가는 교역로

'히밀코'라는 선장은 주석 광산으로 가는 해로를 개척하려 에스파냐 서쪽 해안을 지나 영국 제도로 항해했다

'엘체의 귀부인'이라고 알려진 석회암 조각품. 카르타고 제국의 일부였던 에스파냐에서 발견되었다.

에스파냐

에스파냐는 광물 자원이 많았다. 하데스 주위에 있는 광산에서는 은을 캤다.

고기를 많이 잡으면 나중에 먹기 위해 건조시켰다

하데스 (카디스)

헤라클레스의 기둥(지브롤터 해협 동쪽 끝 양쪽에 뿔처럼 솟은 육지)

탄지스 (탕헤르)

카르타고노바 (카르타헤나)

마살리아 (마르세유)

그리스인과 페니키아인은 지중해 교역의 패권을 차지하려고 싸웠다

코르시카섬

로마

제2차 포에니 전쟁 때는 카르타고 군이 이탈리아에 침입했다

에부수스

발레아레스 제도

사르데냐 섬

카랄리스 (칼리아리)

지 중 해

교역로

파노르모스 (팔레르모)

시칠리아 섬

아 프 리 카

기원전 425년경, '한노'라는 선장이 아프리카 해안을 따라 내려갔다

세이프라카로 가는 교역로

축제가 열리면 카르타고에서는 위대한 여신 타니트에게 산 제물을 바쳤다

카르타고

발레타

몰타

화물은 항구의 벽 둘레에 지은 창고에 보관했다

교역망

미케네의 교역망을 이어받은 페니키아의 상인들은 지중해 서부의 섬들과 에스파냐로 진출했다. 삼나무 목재와 삼나무 기름, 갖가지 수공예품을 수출하고, 구리, 은, 주석을 수입했다. 그들은 가는 곳마다 무역을 위한 식민 도시를 건설했다.

향료를 담았던 페니키아의 유리병. 유리는 이집트인이 최초로 만들었지만, 가공 기술은 페니키아인이 발전시켰다.

카르타고의 항구에는 배를 만들고 수리하는 작업장이 있었다

포에니 전쟁

기원전 814년경, 티레 사람들이 식민도시 카르타고를 건설했다. 페니키아 본토가 아시리아에 정복당한 뒤에도 카르타고는 독립된 도시를 유지해 지중해 서부를 지배했다. 로마의 세력이 커지자 카르타고와 로마는 포에니 전쟁이라 불리는 세 차례의 큰 전쟁을 벌였다. 마침내 로마가 기원전 146년에 승리했다.

배와 항해술

페니키아인에게는 전쟁에 쓰는 갤리선과 일반 상선이 있었다. 갤리선은 빠른 속력을 낼 수 있도록 선체가 길었고, 적의 배에 구멍을 내려고 뱃머리에 쇠뿔을 달았다. 상선은 그림처럼 갤리선보다 폭이 훨씬 넓었다. 선원들은 계절풍을 이용해 목적지로 항해하기에 적당한 바람이 불 때 출발하여 돌아오기 좋은 바람이 불 때 돌아왔다. 이집트의 파라오 네코 2세는 페니키아의 뛰어난 선원을 뽑아 배를 타고 3년에 걸쳐 아프리카를 돌았다.

망을 보려고 돛대 꼭대기로 올라갔다. 선원들은 언제나 육지가 보이는 거리 안에서만 항해하려 했다.

배의 중앙에 사각형 돛을 단 돛대가 하나만 있었다

주인은 날씨가 좋기를 빌었다

키잡이가 고물에 서서 두 개의 큰 노로 방향을 잡았다

방향을 잡는 노

방수를 위해 배 표면에 타르를 칠했다

짐은 폭풍에 흔들리지 않도록 줄로 묶어 갑판 아래에 실었다

화물 중에는 삼나무 기름을 넣은 도기 항아리, 유리 항아리, 구리 덩어리도 있었다

공예

도기, 연장, 금속 장식품, 술잔 등을 만들던 공예인들은 침대, 의자, 조각한 상아로 꾸민 상자 등 놀라운 가구를 만들어 해외에 수출했다. 배도 매우 잘 만들었으며, 페니키아의 유리는 로마 황제의 옷감인 자줏빛 천만큼이나 비쌌다.

지중해 서부 주위의 페니키아인과 카르타고인의 무덤에서 발견된 기괴한 가면. 악귀를 쫓는 데 쓰였을 것이다.

육지에서의 생활

페니키아 본토의 해안이나 내륙의 계곡에는 기름지고 물이 풍부한 농지가 있어 필요한 모든 작물을 재배했다. 상인, 선원, 공예인들은 해안에 있는 도시들에서 살았으며, 도시에는 거대한 성벽이 있었다. 대부분 2층 이상의 시원한 집에서 살았지만, 왕들은 화려한 궁전에서 살았다. 도시 안팎에는 과일 나무들이 자라고, 큰 집에는 옥상 정원이 있었다.

그리스

아나톨리아

이오니아 해

알렉산더 대왕은 페르시아를 정벌하면서 페니키아도 공격했다. 일곱 달이나 뒤로스를 포위했다.

그리스의 각 도시에는 '호플리테스'라는 보병이 있었지만, 오직 아테네만이 페니키아에 대항할 수 있는 해군이 있었다

에게 해

아테네

교역로

크레타 섬

구리 생산지였던 키프로스는 페니키아의 무역 중계지여서 페니키아의 물건이 많이 발견되었다

키프로스 섬

안티오크

아르바드

비블로스

베리투스

시돈

뒤로스

요파

예루살렘

농민은 밀을 재배하여 곡물 창고에 저장했다

페르시아의 왕 다리우스가 페니키아를 점령했다

성경에 따르면, 예루살렘 솔로몬 신전 앞의 성수를 넣는 거대한 용기를 뒤로스에서 온 기술자들이 만들었다

지 중 해

교역로

키레네

알렉산드리아

멤피스

이집트

아프리카

0 100 200 300 km

교역 물건 중에서 자줏빛 천은 가격이 매우 높아 왕가나 귀족 외에는 살 수 없었다

자줏빛 염료는 뼈고둥의 분비 기관에서 채취했다. 염료 500g을 얻으려면 뼈고둥 6만 개가 필요했다.

나일 강

뼈고둥

바빌론-신들의 문 *Babylon-Gate of the Gods*

'신들의 문' 이라는 뜻의 바빌론은 유프라테스 강 양쪽에 위치한 크고 화려한 도시였다. 도시 안으로 들어가는 웅대한 '이시타르의 문' 은 파란 타일에 황소와 용이 조각되었다. 문 안쪽의 넓은 '행렬의 길' 은 도시의 중심부와 최고신인 마르둑을 모신 지구라트 신전과 이어져 있었다. 그리고 문 근처에는 세계 7대 불가사의의 하나인 '공중 정원' (계단식 건축물 옥상에 식물을 심어 공중에 매달린 것처럼 보이게 한 정원)이 있었다. 오랫동안 메소포타미아의 수도로서 학문의 중심지로 번창했던 바빌론이 강력해지기 시작한 것은 함무라비 (기원전 1,792~1,750) 왕이 다스릴 때였다. 그러나 수백 년 후에는 카시트, 칼데아, 아시리아의 침입을 받아 쇠퇴하다가 네부카드네자르 (기원전 605~562) 왕 때 다시 힘을 길러 가장 큰 도시가 되었다.

기원전 1,595년경, 히타이트 군이 토로스 산맥을 넘어 바빌론을 빼앗았다

토 로 스

함무라비 법전

기원전 1,792년경, 아모리 족의 함무라비가 왕위에 올라 수메르 전체와 아카드를 정복했다. 이 새로운 왕국을 수도 바빌론의 이름을 따서 바빌로니아라고 한다. 함무라비는 나라 안 여러 지역의 법률을 통합해 가족 관계, 재산, 노예, 임금에 관한 법과 벌칙을 새로운 법전인 함무라비 법전에 규정했다. 눈에는 눈, 이에는 이라는 말은 이 고대의 법전에서 비롯되었다.

함무라비 법전은 '스텔라' 라는 돌기둥에 새겼다. 왼쪽은 태양과 정의의 신인 샤마시에게서 법전을 받는 함무라비의 모습이다. 이 스텔라는 페르시아가 바빌로니아를 정복할 때 가져갔다.

비블로스

KIO

다마스쿠스

티로스 (레바논)

슬기로운 사람들

바빌론에서는 남자만 학교에 다녔다. 먼저 5백 가지쯤 되는 표기 기호의 읽기쓰기를 배운 뒤 문학, 천문학, 수학을 배웠다. 오늘날의 시간 단위를 나타내는 60진법을 썼으며, 천문학자들은 별과 행성에 대해서 배우고 그것들의 움직임을 기록했다. 그들이 사용한 쌍둥이자리, 전갈자리, 염소자리 등의 별자리 이름은 지금도 쓰이고 있다.

사마리아

이스라엘

예루살렘

유 다

사 해

기원전 597년, 남유다 왕국의 왕 에호야킨과 예루살렘 시민 1만 명이 포로로 잡혀 바빌론으로 갔다

카시트인과 칼데아인

함무라비가 죽은 뒤 산악 민족이었던 카시트인이 바빌론에서 새로운 왕조를 일으켜 기원전 1,595년~1,155년까지 지배했다. 한편, 기원전 900년경, 수메르의 영토였던 해안의 늪지대에 정착한 칼데아인은 자유를 지키기 위해 바빌로니아의 새로운 지배자가 된 아시리아인과 싸웠다. 기원전 625년, 칼데아인의 지도자 나보폴라사르가 아시리아인을 몰아내고 바빌로니아의 왕이 되었다.

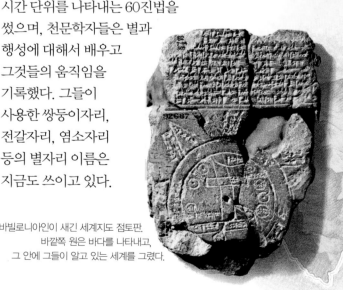

바빌로니아인이 새긴 세계지도 점토판. 바깥쪽 원은 바다를 나타내고, 그 안에 그들이 알고 있는 세계를 그렸다.

우르의 옛무덤에서 나온 카시트 여사제의 머리 조각상

사라진 왕

바빌로니아의 마지막 왕 나보니두스(기원전 556~539)가 갑자기 사라졌다. 이전 왕들이 남긴 경제 문제로 고민이 많았던 그는 아무 말도 없이 아들 벨사살에게 나라를 맡기고 아라비아 사막의 테이마라는 오아시스로 가 버렸다. 그리고 10년 동안이나 돌아오지 않았다. 그가 돌아왔을 때는 이미 페르시아의 키루스 대왕이 바빌론을 차지하고 있었다.

홍 해

0   50   100   150 km

산 맥
유프라테스 강

의사들은 환자를 진찰할 때 나는 악취를 제거하려고 향료를 혼합한 향을 피웠다

바빌론의 '행렬의 길'은 사랑과 전쟁의 여신 이시타르를 상징하는 사자로 장식되었다.

금속 제품을 잘 만들었던 바빌로니아인은 녹은 금속을 소가죽으로 만든 틀에 부어 보관했다

티그리스 강

카르케미시

바빌로니아인은 벌을 쳐서 꿀을 감미료로 썼다. 연기로 벌을 쫓고 꿀을 땄다.

니네베
님루드
아시리아
아슈르

동물의 뇌로 동물의 가죽을 부드럽게 했다

바빌로니아인은 연꽃과 백합꽃으로 독특한 향수를 만들었다

마리
유프라테스 강

산악 지대에서 바빌론의 동부에 침입했던 카시트의 전사와 사냥개

메디아

신성한 바빌론
바빌로니아인은 마르둑을 최고신으로 섬겼다. 해마다 새해맞이 축제를 열어 11일 동안이나 기도와 행진을 했다. 그들은 마르둑이 세상을 창조한 이야기, 그의 아들 나부가 빛과 함께 나타난 이야기들을 담은 긴 시를 암송했다. 왕이 바빌론 지배에 대한 승인을 받기 위해 마르둑의 신전으로 갈 때면 왕과 마르둑의 상이 행렬을 이루었다. 도시를 정복하면 그 도시 수호신의 상을 빼앗는 것이 관습이었다.

기원전 678년에 생긴 월식을 길조라고 생각했다.

기원전 539년, 페르시아의 왕 키루스가 바빌로니아 제국을 차지했다

바빌로니아 제국

기록이 적힌 점토판들은 문서 보관소에 보관되었다.

바빌론
아카드
니푸르
바빌로니아
라가시
우루크
수메르
우르

아시리아를 정복한 칼데아인은 말을 잘 탔다

칼데아

마르둑 신전 위에 90m나 솟아 있던 지구라트가 성경에 기록된 바벨탑에 영감을 주었다

바빌로니아의 네부카드네자르 왕이 유다 왕국의 예루살렘을 점령했다

아라비아

나보니두스 왕은 아라비아 사막의 테이마로 사라졌다. 아라비아의 풍부한 향료를 차지하려고 한 것 같다.

테이마

네부카드네자르 왕은 공중 정원을 만들었다. 메디아가 고향인 왕비 아미티스가 푸른 언덕을 그리워했기 때문이다.

네부카드네자르 왕의 궁전은 '인류의 기적'이라고 불릴 만큼 호화로웠다

'이시타르의 문'은 마르둑 신을 상징하는 용과 아다드 신을 상징하는 황소로 장식되었다

페르시아 만

티그리스 강

웅대한 도시
칼데아인의 왕 나보폴라사르와 네부카드네자르의 통치에 의해 바빌론은 웅대한 도시가 되었다. 신전과 궁전은 진흙 벽돌로 지어졌고, 거대한 '행렬의 길'은 유리를 박은 벽돌과 돌로 장식되었다. 싸움에서 이긴 왕과 군대는 이 넓은 길을 지나가며 사람들의 환영을 받았다.

새해맞이 축제의 행렬이 거대한 '행렬의 길'에서 교외로 이어졌다. 바빌론의 수호신인 이시타르를 상징하는 사자 120마리가 길 양쪽의 벽을 장식했다.

아시리아인-정복왕
Assyrians-Kings of Conquest

오늘날의 이라크 북부 티그리스 강 유역의 구릉 지대에서
살았던 아시리아인은 기원전 2,000년경까지 수메르와
아카드 왕들의 지배를 받았다. 그 뒤 남서쪽에서 온 침입자가 아시리아를 독립시켰다.
기원전 9세기, 아시리아의 왕들은 자신들의 최고신 아슈르의 명령에 따라 주변의
나라들을 차례로 정복, 처음으로 오리엔트를 통일했다. 그러나 제국이
너무 광대해지면서 통치에 어려움을 겪었다. 결국 기원전 612년,
바빌로니아와 메디아의 군대에 패해 멸망했다.

왕의 권력과 의무
아시리아의 왕들은 자신들이 신들의 선택을
받았다고 믿었다. 지상에 있는 신의 대리인으로서
그들은 백성들의 운명을 책임졌으며, 제사장으로서
신전에서 중요한 종교 의례를 주도했다. 왕은 한낱
신에게 봉사하는 사람에 지나지 않음을 보이기
위해 고위 성직자로 하여금 손바닥으로 왕을
때리게 하는 의식도 있었다.

기원전 600년경의 아시리아 제국 영토.
페르시아 만에서 이집트에 이르는 광대한 제국을
건설했다.

왕의 권위를 상징하는 철퇴를 쥐고 있는 아슈르나시르팔
2세(기원전 883~859)의 조각상. 그는 님루드에 궁전을 지었다.

궁중 생활
아시리아인의 첫 수도는 신의 이름을 딴
아슈르였지만, 훗날 세나케리브 왕(기원전
704~681)이 니네베를 수도로 삼았다.
니네베의 궁전은 유리를 박은 벽돌, 왕들의
원정을 이야기하는 돌 조각품으로 장식했다.
왕의 집무실과 도서관 등 80개 이상의 크고
시원한 방이 있었다. 몇몇 왕은 사자, 표범,
곰, 코끼리를 기르는 특별한 정원을 두었다.

이집트는 이집트의 왕자가
지배했지만, 아시리아
관리의 감시를 받았다.

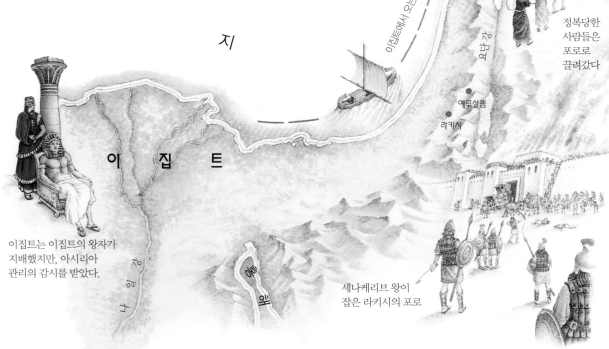

세나케리브 왕이
잡은 라키시의 포로

니네베에서 아슈르바니팔 왕(기원전 668~627)이 왕비
아슈르샤라트와 함께 엘람에서 거둔 승리를 축하하고 있다.

궁전의 벽을 장식한 돌 조각품.
이집트의 도시를 공격하는 장면이다.

승리 보고
군사는 대부분 목숨을 걸고 싸우는 보병이었다.
그들은 방패를 들고 활, 검, 투석기, 창, 전투용
도끼를 사용했다. 왕도 이따금 부하들을 이끌고
전투에 참가했다. 전쟁에 승리해 돌아오면 도시를
거쳐 신전으로 가는 거대한 개선행렬이 이어졌다.
왕은 신전에서 신에게 승리를 보고했다.

우 라 르 투

이 지역의 종족은 아시리아의 공격을 막으려고 우라르투 왕국을 세웠다

아시리아 군은 원정을 위해 수천 마리의 말을 필요로 했다

반 호

아시리아의 자원

아시리아인은 자신들이 정복한 지역에서 금속, 목재, 말, 식량 등을 가져왔다. 정복당한 지역 사람들은 해마다 아시리아가 요구하는 물자를 바쳐야 했다. 이 요구에 반발할 때는 군대를 보내 물자를 강제로 가져왔다.

이 지역에서 난 돌로 거대한 조각상을 새기고 있다

아시리아의 왕들은 사자 사냥으로 솜씨를 뽐냈다

페르시아의 메디아인 군대가 바빌론과 짜고 아시리아 제국을 멸망시켰다

티그리스 강

코르사바드
니네베
님루드
아르벨라

아시리아

최고신인 아슈르의 상징
아슈르

케미시
하란

유프라테스 강

보리 수확

농민의 생활

아시리아 본토인 구릉 지대는 해마다 겨울에 비가 많이 와서 땅이 기름졌다. 농민들은 수로를 파고 보리, 깨, 채소 등을 재배했다. 양, 염소, 소를 기르기도 했으며, 여름에는 포도주를 만들었다. 제국의 영토가 넓어지면서 아시리아인은 자기들이 정복한 지역 사람들에게 더 많은 식량을 요구했다. 자연히 아시리아의 농민들은 게을러졌고, 농지 또한 거칠어졌다.

지금 이라크에서 살고 있는 마시아랍 족 사람들은 고대와 비슷한 갈대집을 짓는다.

아시리아 제국

심술궂은 아시리아인은 반항하는 사람들의 과수원에서 과일나무들을 베어 버리기도 했다

수사
정복당한 도시 사람들은 가끔 경고의 표시로 교수형에 처해졌다

바빌론에 있는 지구라트

바빌로니아

바빌론
니푸르
우루크

엘 림

병사들이 공기를 넣은 염소 가죽을 타고 강을 건너고 있다

왕의 집무실을 지키는 거대한 돌 괴물들.(님루드의 궁전) 사자나 황소의 몸에 수염을 기른 사람 얼굴이고, 날개가 있다.

바빌로니아인이 늪에 몸을 숨기고 아시리아 병사를 노리고 있다.

페르시아 만

군대

농한기의 농민들로 군대를 이루다가 제국이 커지자 티글라트필레세르 3세(기원전 745~727)가 정복한 지역에서 데려온 수천 명의 남자로 상비군을 만들었다. 적의 도시를 공격할 때는 나무로 만든 장비로 성을 공격했다.

성문을 부수는 해머(충각)

병사들이 숨어 있다

병사들이 밀어 움직인다

동물 가죽으로 만든 덮개

궁수
전차
보병
말을 탄 궁수

0 50 100 150 200 km

켈트인–철기 시대의 용사들
Celts-Iron Age Heroes

술을 좋아했던 켈트인은 금속 세공이 뛰어나 정교한 철제 무기, 튼튼한 갑옷, 강한 전차를 만들었다. 전투할 때는 무시무시한 소리를 지르며 싸웠고, 전투가 끝나면 자신들의 승리를 노래와 시로 자랑했다. 기원전 750년경까지 그들의 문화는 오스트리아 주변에서 철, 청동, 금을 이용한 공예품을 중심으로 발달했다. 켈트 문화의 제2시기는 기원전 500년경, 그 특징이 처음 확인된 곳의 이름을 딴 라텐 문화이다. 이 시기 켈트인은 유럽의 많은 지역으로 진출하여 정착했다. 그러나 기원전 54년, 로마 황제 율리우스 카이사르 (줄리어스 시저)에 의해 켈트인의 영토 대부분이 로마의 지배를 받았다.

청동과 철로 만들고 금박으로 장식한 투구. 프랑스 센 강의 고대 수로에서 발견되었다.

화려한 옷차림

켈트인은 밝은 빛깔의 옷, 특히 격자 무늬와 줄무늬가 있는 양털 망토를 좋아했다. 화려한 장신구도 좋아해 팔찌를 차고 금목걸이를 걸었다. 전투를 할 때도 장신구를 착용했다. 그들은 적과 마주치면 겁을 주려고 자신과 선조의 무용담을 자랑했다. 전투가 벌어지면 양쪽 군대에서 용사가 한 사람씩 나와 두 사람이 승패를 결정했다. 로마의 저술가들은 켈트인 전사들의 용기가 무모했다고 기록했다.

셰틀랜드 제도

북 해

스코틀랜드의 켈트인은 호수나 강에 '크래노그'라는 인공 섬을 만들고 집을 지었다. 이 집은 전투가 일어나도 안전했다.

스코틀랜드

아일랜드

웨일스

켈트인은 전투 전에 청동 나팔로 무서운 소리를 냈다.

서기 60년, 이케니 족의 부디카 여왕이 브리타니아를 정복한 로마에 반기를 들었다

데스버러

잉글랜드

메이든캐슬

콜체스터

해양족 베네티인은 율리우스 카이사르가 갈리아를 정복할 때 정복당했다

켈트인은 투구, 무기, 보물 등의 전리품을 강과 호수에 던져 신과 여신들에게 바쳤다.

빅스에 있는 켈트인 여왕의 무덤에서 발견한 청동 단지 '크라테르' 수입품인데, 포도주와 물을 섞는 데 쓰였다.

라인하임

알레시아

빅스

켈트

라텐

갈리아

루아르 강

율리우스 카이사르는 갈리아 원정 때 알레시아 언덕의 요새를 점령했다.

철은 화로에서 풀무로 불의 온도를 높여 만들었다.

대 서 양

리바데오

인기 있었던 목걸이 '초승달'. 대개 은이나 금으로 만들었다.

도우루 강

이베리아

타호(테조) 강

로케파르투스

코르시카 섬

알카세르두살   메리다

켈트인의 높은 기술 수준을 보여주는 기원전 4세기의 청동 포도주용 병. 산호와 붉은 에나멜로 장식했고, 뚜껑은 오리와 사냥개 모양으로 장식했다.

사르데냐 섬

사냥을 매우 잘했던 켈트인은 주로 멧돼지를 잡았다.

지

아 프 리 카

일상생활

마을은 족장이 이끄는 크고 작은 부족들로 이루어져 있었다. 집은 나무와 돌로 지었고, 길은 나무토막으로 포장했다. 사람들 대부분은 농사를 지으며 살았다. 여자에게도 권리를 주어 존중했고, 병자와 노인들을 잘 보호했다.

입구 위쪽에 적의 해골을 놓기도 했다

켈트인의 집 내부

집의 뼈대는 나무로 만들고, 지붕은 짚이나 풀로 이었다

긴 쇠사슬로 대들보에 매단 쇠 가마솥으로 음식을 만들었다

벽은 나뭇가지 등을 엮고 진흙을 발랐다

브리타니아의 전사는 싸우기 전에 몸에 푸른색 무늬를 그렸다

가끔 수염을 깎았지만, 코밑의 수염은 길게 길렀다

어린이가 공과 막대기로 하키 비슷한 놀이를 했다

해골과 산 제물

켈트인은 신들에게 가치 있는 물건이나 심지어 사람까지도 바쳤다. 로마인의 기록에 따르면, 그들은 사람이 죽으면 혼이 한동안 내세에 있다가 다시 땅 위에 태어난다고 믿었다. 혼이 머리에 있다고 생각하여 존경하는 조상이나 강한 적의 해골을 모았으며, '드루이드' 라는 종교 지도자들이 있었다.

해골로 장식된 신전의 돌기둥. 남프랑스의 로케페르투스 유적에서 발견되었다.

축제와 잔치

켈트인은 축제 때마다 잔치를 베풀고, 노래와 게임을 즐겼다. 음악과 음유 시인을 좋아했고, 영웅의 업적과 마음을 읊은 긴 시를 암송했다. 족장을 축하하는 연회 때는 하프를 연주하며 노래하고, 적들을 놀리는 노래를 짓기도 했다. 포도주를 자주 마셨지만, 호밀과 밀로 빚은 맥주가 가장 인기 있었다.

영국 데스버러에서 발견된 청동 거울. (지위를 상징한다) 켈트인은 공에 기술이 뛰어났다.

요새와 전투

부족끼리의 싸움이 잦았던 켈트인은 언덕 위에 요새를 세우고 주위에 거대한 흙담과 나무 울타리를 둘렀다. 그들은 조직된 군대로서가 아니라 개별적인 영웅으로서 싸우는 경우가 많았다. 로마 군과 싸울 때도 힘을 합치지 않아 아일랜드와 스코틀랜드 북부에서만 로마의 정복을 피했다.

스칸디나비아 반도

로마인이 게르만이라고 부른 민족이 라인 강 동쪽에서 살았다

게 르 마 니 아

곡물을 수확할 때 특별한 도구를 썼다

유 럽

할라인 (잘츠부르크)

할슈타트

할슈타트의 켈트인은 소금 광산을 지배해 부자가 되었다

축제를 맞아 족장 부부와 아이가 옷을 차려 입었다

도나우 강

흑 해

테베레 강

아 드 리 아 해

로마

'갈리아' 라고 알려진 켈트인이 동쪽으로 이주해 갈라티아라는 소아시아의 한 지역에 정착했다

앙키라 (앙카라)

갈 라 티 아

이 탈 리 아

그 리 스

페르가몬

소 아 시 아

기원전 387년, 켈트인이 로마를 습격했다. 이때 로마의 한 지역에서는 거위들이 크게 울어 켈트인의 습격을 피할 수 있었다.

기원전 279년, 이주하는 켈트인의 한 무리가 그리스에 침입해 델포이의 아폴론 신전을 불태우고 물건을 약탈했다

델포이

기원전 241년, 페르가몬의 아톨로스 1세에게 패배한 많은 갈라티아인이 자신과 가족의 목숨을 끊었다

시칠리아 섬

키프로스 섬

지중해

크레타 섬

0   100   200   300 km

페르시아 -거대한 제국 _Persia-The Magnificent Empire_

바빌로니아 변두리의 작은 부족이 세운 페르시아(기원전 559~330)는 불과 30년 만에 세계에서 가장 강력한 국가로 성장했다. 기원전 1,300년경, 페르시아를 세운 사람들과 그들의 이웃인 메디아 사람들이 오늘날의 이란 지역으로 이주했다. 메디아 사람들이 오랫동안 그 지역을 지배하다가 기원전 549년, 키루스(키루스 2세)가 할아버지에게서 메디아 왕국을 빼앗아 페르시아의 왕이 되었다. 그리고 이오니아에 있는 그리스의 식민지들과 금이 많은 리디아 왕국을 정복하고 마침내 기원전 539년, 강대한 바빌로니아 제국을 정복했다. 이후 페르시아는 200년 이상 최고의 권력을 손에 쥐었다.

다레이오스 1세(다리우스 1세, 기원전 522~486)는 오늘날의 이집트에서 인도에 걸친 광대한 제국을 '사트라피'라는 구역으로 나누어 지배했다. 그래서 페르세폴리스와 수사에 있는 궁전에는 공물과 세금으로 거둔 물품들이 쏟아져 들어왔다.

기원전 480년, 페르시아의 왕 크세르크세스 1세가 그리스를 침공하기 위해 배로 다리를 만들었다

기원전 490년, 그리스인, 마라톤 전투에서 다레이오스 1세가 이끈 페르시아 군의 침입을 물리쳤다

그 리 스

아테네

마라톤

흑   해

북부를 개척한 스키타이인은 페르시아의 위협을 받았지만, 뛰어난 활 솜씨로 대항했다

제국 곳곳에서 사자들이 왕에게 소식을 전했다. '왕의 길'은 사르디스에서 수사까지 2,500km 이상 뻗어 있었다.

사르디스

에페수스

이 오 니 아

리 디 아

맛이 좋은 피스타치오 나무 열매는 사치품으로 여겨졌다

왕의 길

마케도니아의 알렉산드로스(알렉산더) 대왕은 기원전 334년에 페르시아를 침공해서 기원전 331년에 완전히 점령했다

이수스

가우가멜라

니네베

메 디 아

아 시 리 아

페 르 시 아

액바타나

베히스툰

지   중   해

키프로스

안티오크

배에 익숙하지 않은 페르시아인은 그리스와 싸우기 위해 페니키아의 갤리선과 선원을 이용했다

비블로스

튀로스(레바논)

키루스 대왕은 정복한 도시 바빌론에 여덟 마리의 백마가 끄는 전차를 타고 입성했다. 기원전 537년에는 바빌론에 잡혀 있는 유대인들을 해방시켰다.

바빌론

티그리스 강

유프라테스 강

엘 람

수사

사 해

페르시아의 주요 도로

멤피스

이집트인들은 페르시아 정복자들을 끔찍이도 싫어해 기회 있을 때마다 반발했다. 페르시아의 왕 캄비세스가 미친 사람이어서 신전을 파괴하고, 신성한 황소를 상하게 하고, 심지어는 죽은 파라오의 유해를 불태워 버린다고 생각했다.

이 집 트

나일 강

수사의 궁전 기둥에서 발견된 조각품은 '불사대'(죽지 않는 부대)라고 알려진 페르시아 군의 잘 훈련된 병사의 모습이다. 1만 명의 병사로 채워진 이 부대는 한 명만 죽어도 곧 보충되었다.

거대한 궁전

페르시아의 수도는 파사르가다에였지만, 겨울에도 따뜻한 수사가 사실상의 수도였다. 그러다 기원전 520년경, 다레이오스(다리우스) 1세가 페르세폴리스에 거대한 궁전을 지었다. 왕은 새해 축제가 열리는 몇 주 동안 이 궁전에 머물면서 선물을 바치기 위해 제국 모든 곳에서 행렬을 이루어 오는 사절들을 접견했다.

페르시...

0   100   200   300   400   500 km

왕 중의 왕

페르시아 군주들은 다른 지배자들 앞에서 자신이 '왕 중의 왕'이라고 공언했다. 절대 권력을 쥔 왕은 어디를 가든 중신들과 관리들의 환대를 받았으며, 부인을 여럿 두어 '하렘'이라는 특별한 집에서 함께 살았다. 그러나 왕을 시기하는 사람들에 의해 끊임없이 생명의 위협을 받았다. 그래서 친척 중 누구라도 왕위에 위협이 되면 즉시 사살했다.

금으로 만들어진 페르시아 마차의 모형. 옥수스 보물의 일부이다.

암행어사

페르시아 제국은 너무 광대해 20개의 '사트라피'라는 통치 구역으로 나누어 왕을 대리하는 '사트라프'라는 총독이 지배했다. 그러다보니 횡령이나 비리 등의 부패가 증가했다. 그래서 왕은 사트라피를 감시하기 위해 '왕의 귀'라는 특별한 관리들을 두었는데, 모반을 일으키려는 작은 낌새도 금세 알아챘다.

페르시아 전쟁

이오니아에 있는 그리스의 식민 도시가 페르시아의 세력권 안에 들어가자 그리스는 그 식민 도시를 원조하려고 군대를 보냈다. 이리하여 그리스와 페르시아 사이에 전쟁이 시작되었다. 페르시아의 다레이오스 1세는 기원전 490년에, 크세르크세스 1세는 기원전 480년에 그리스를 침공했다. 그러나 결국 세 번에 걸친 그리스 원정은 모두 실패하고, 소아시아 연안의 그리스 도시들은 페르시아의 지배에서 벗어났다. 그리고 훗날 페르시아는 그리스의 알렉산드로스 대왕에 의해 점령당했다.

이수스 전투에서 알렉산드로스 대왕에게 져 달아나는 다레이오스 3세 (기원전 333년, 모자이크 그림)

유목민인 마사게타이는 자신들을 정복하려는 페르시아에 대항했다. 페르시아의 키루스 왕은 그들과 싸우다가 죽었다.

아랄 해

유프라테스 강

옥수스 강

이 금팔찌는 박트리아 지방(현재 아프가니스탄의 일부)의 옥수스 강 근처에서 발견된 옥수스 보물의 일부이다

기원전 400년경에 은으로 만들어진 '라이톤'이라는 술병. 아래는 페르시아의 장식에 자주 등장하는 상상의 동물이다.

카스피 해

쌍봉 박트리아 낙타에 은, 향료, 상아를 실은 대상들이 제국을 가로지르고 있다

박트리아

박트라

페르시아의 주요 도로

카불

탁실라

아리아의 알렉산드리아 (헤라트)

인도 지역의 사트라프가 페르시아 왕에게 바칠 금의 무게를 재는 부하들을 감독하고 있다

제 국

페르세폴리스에 있는 궁전에는 접견실, 재물 보관실, 군대의 막사가 있었다

인도

인더스 강

자라투스트라는 이렇게 말했다

기원전 600년경, 페르시아의 예언자이자 조로아스터교의 창시자 자라투스트라는 '아후라마즈다'가 세계의 주인이고, 빛과 선의 최고신이라고 했다. 하지만 세상에는 어둠과 악의 신도 있어 사람들은 어떤 신을 섬겨야 할지 선택해야 했고, 이를 근거로 사후의 삶이 결정된다고 했다. 마법(매직)은 페르시아의 새로운 성직자를 가리키는 '마기'에서 유래했다. 영화나 책에 나오는 마법사를 보면 불을 이용해 마법을 부리곤 한다. 이것은 불을 우주의 주인이라고 생각했던 조로아스터교에서 비롯된 모습들이다.

신성한 불을 피운 제단을 지켜보고 있는 조로아스터교의 성직자들

파사르가다에

페르세폴리스

왕 중의 왕이 왕좌에 앉아 제국의 모든 지역에서 바치는 공물을 받고 있다. 이 장면은 페르세폴리스에 있는 대접견실로 통하는 돌계단 벽에 새겨졌다.

아시리아인은 말을 바쳤다

인도인은 금분 단지를 바쳤다

바빌로니아인은 귀중한 황소를 바쳤다

엘람인은 어린 사자를 바쳤다

그리스–힘과 영광 *Greece-The Power and the Glory*

기원전 800년경, 그리스에서 예술, 건축, 음악, 문학, 수학, 의학 등의 발전과 함께 찬란한 문화가 꽃을 피우기 시작했다. 그리고 시민권을 가진 남자들이 정치 결정에 직접 참여할 수 있는 정치 체제를 만들어 냈다. 그리스는 기후가 따뜻하고 산이 많은 본토와 섬들이 여러 작은 도시 국가로 나뉘어 있었다.

그 중 가장 강력했던 아테네는 기원전 5세기에 그리스 문명과 문화의 중심지가 되었다. 아테네는 잘 훈련된 육군과 가장 강한 해군이 있었다. 현대 영어의 많은 단어가 고대 그리스인이 사용한 말에서 비롯되었다.

시민들의 권력

'폴리틱스' (정치)는 그리스의 도시 국가들을 가리키는 '폴리스' 에서 유래했다. 기원전 510년경, 대부분의 도시 국가는 왕정을 없애고 몇몇 지도자들이 지배하거나 한 명의 군주가 통치했다. 그러다 기원전 508년, 아테네가 '국민의 지배' 를 의미하는 민주주의 정치를 도입해 평범한 사람들에게 국정에 참여할 기회를 주었다. 시민권을 가진 남자들이 '민회' 라는 회의에서 투표로 법률을 결정했다. 그러나 여자, 외국인, 노예 등은 투표권이 없었다.

기원전 443~429년, 아테네는 페리클레스를 지도자로 뽑았다. 그는 아크로폴리스에 신전을 세웠다.

그리스의 식민도시

기원전 750~550년, 인구가 급증하면서 많은 사람들이 새로운 주거지를 찾아 떠났다. 그리스인들은 페니키아가 아직 식민도시를 세우지 않은 흑해 주위와 지중해 지역으로 퍼져 자신들의 생활 습관과 문화에 따라 농사를 짓고, 그리스 양식의 도시를 건설했다. 그리고 본토와의 사이에 교역로를 건설했다.

마케도니아의 양치기와 양 떼. 그리스인은 마케도니아를 후진 지역으로 생각했다.

마케도니아

펠라

데살로니가

에페이로스

케르키라 섬 (코르푸 섬)

신과 여신들이 산다고 믿었던 올림포스 산

그리스인들은 도기를 매우 잘 만들었는데, 구우면 빨강으로 변하는 특별한 찰흙으로 만들었다

민주 정치에서는 시민들을 설득하기 위해 정치가들이 연설을 잘 해야 했다

엠브라키아

말을 기르는 곳으로 유명했던 테살리아의 방목지

테살리아

에게 해

종

이

오

니

아

테르모필레

아테네에서 발견된 주화. 여신 아테나를 나타내는 올빼미 도장이 찍혀 있다.

그리스인들은 앞일을 알기 위해 델포이의 신탁자를 찾았다

델포이

플라타에아

마라톤

아티카

펠로폰네소스 반도

올림피아

코린트

엘레우시스

아테네

살라미스 섬

피레에프스

안드로스

에이나 섬

올림픽 경기는 기원전 776년에 처음 제우스 신을 기리는 축제의 일부로 열렸다

아테네와 스파르타는 목숨을 건 경쟁자였다

메세니아

스파르타

아테네는 은을 캐는 라우리온 광산을 지배했다

용기를 발휘하지 못한 스파르타인은 턱수염을 반쪽만 길러 사람들로부터 창피를 당했다

지

그리스의 여자들은 옷이나 벽걸이 등을 만들 삼베 따위를 직접 짰다

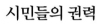

유럽

갈리아

니카이아

마실리아

오데수스

흑 해

이탈리아

이베리아

쿠마이

비진티움

칼케돈

지

마그나 그라이키아

그리스

리디아

시칠리아 섬

이오니아

아 시 아

시라쿠사

에페수스

아테네

키레네

중

해

시돈

티레

아 프 리 카

나우크라티스

이 집 트

주황색 부분이 기원전 750~550년의 그리스 본토와 주요 식민 지역이다

시도니아

크 레

살라미스 해전(기원전 480년)의 치열한 전투 모습. 페르시아의 왕 크세르크세스가 그리스를 침입하자 아테네의 테미스토클레스가 아테네인들을 설득하여 함대를 만들었다. 아테네 군은 페르시아 군을 살라미스 섬과 그리스 본토 사이에 있는 좁은 해협(살라미스 만)으로 유인하여 격퇴했다.

페르시아 전쟁

페르시아는 기원전 490년과 기원전 480년에 그리스를 침공해 아테네를 약탈하고, 테르모필레의 좁은 길을 지키던 스파르타의 작은 부대를 학살했다. 그러나 그리스 군은 마라톤과 플라타에아의 육전과 살라미스의 해전에서 페르시아 군을 무찔러 마침내 승리했다. 특히 해전에서 사용한 갤리선은 적의 배에 충격을 주기 위해 배 앞머리에 청동으로 만든 충각을 달았다. 충각으로 적의 배를 들이받고 재빨리 적의 사정거리에서 벗어났다.

스파르타 전사

그리스 남부의 펠로폰네소스를 지배했던 스파르타는 메세니아인을 정복한 뒤 반란을 진압하고 외국인의 침입을 격퇴하기 위해 전쟁에 몰두했다. 모든 스파르타인은 전사가 되어야 한다는 구호 아래 소년들은 일곱 살 때부터 혹독한 훈련을 받았다. 실제 전투에서 겪을 고통에 대비하려고 종종 매질을 당하기도 했다. 소녀들도 건강한 아이를 낳기 위해 훈련을 받았다. 결국 스파르타는 기원전 431~404년에 있었던 펠로폰네소스 전쟁에서 아테네에 승리했다.

수확 철을 맞아 밀을 고르고 있다

트 라 케
(트라키아)

기원전 480년, 페르시아 군이 그리스로 진격했다

스파르타 전사의 청동상. 투구를 쓰고 갑옷을 입었다.

림노스 섬

레스보스 섬 출신의 '사포'는 그리스의 유명한 여류시인이었다

레스보스 섬

아테네의 영광

그리스에서 가장 크고 번창한 도시였던 아테네는 남부에 있는 은 광산을 관리했고, 피레에프스 항구를 통하는 교역망을 가지고 있었다. '높은 도시'라는 뜻의 바위 언덕 아크로폴리스에는 아테나 여신을 섬기는 신전이 있었고, 언덕 아래에는 화려한 건물, 포장된 도로, 시장과 집회가 열리는 광장인 '아고라'가 있었다. 소크라테스, 플라톤, 아리스토텔레스 등의 학자들은 이 아고라에서 사람들을 가르쳤다.

여자들은 이오니아식(왼쪽)이나 도리아식(오른쪽)의 옷을 입었다

키오스 섬

에페수스

'역사의 아버지' 헤로도토스는 역사적인 사건들을 정확하게 기록하려고 노력했다

사모스 섬
밀레투스

할리카르나소스

낙소스 섬

테라(티라) 섬

식량난 때문에 테라(티라) 섬을 떠나 북아프리카에 식민 도시를 세우려 했던 일부 사람들이 일이 여의치 않자 다시 고향으로 돌아왔다. 그러나 남은 섬사람들이 그들을 상륙시키지 않았다.

로도스 섬

그리스의 전함은 대부분 노가 양쪽에 3단으로 있는 갤리 선이었다. 그래서 노를 젓는 사람들이 세 층으로 배치되었다.

비잔티움

아테나 여신을 모시는 파르테논 신전은 기원전 447~438년에 하얀 대리석으로 지어졌다. 지붕은 대리석 타일로 되어 있다.

신전 옆쪽에 큰 제단이 있다

기둥 장식 조각에는 그리스 신화에 등장하는 반인반마의 괴물 켄타우로스가 싸우는 모습이 그려져 있다

아크로폴리스

에레크테이온이라는 신전에는 나무로 만든 아테나 여신의 조각상이 있다

아테네의 수호신 아테나 여신 청동상. 높이 9m.

종교 행렬이 아테네 거리를 지나 프로필라이아라는 문을 통해 성스러운 곳으로 들어갔다

승리를 가져오는 여신 니케의 신전

해

0   25   50   75   100 km

그리스–알렉산드로스 대왕과 그 후 *Greece-Alexander and After*

기원전 356년, 한때 아테네의 적이었던 마케도니아 왕국에서 왕자로 태어난 알렉산드로스(알렉산더)는 아버지 필리포스 2세가 암살되자 스무 살의 나이에 왕이 되었다. 그는 그리스와 마케도니아의 군대를 물려받아 페르시아에 대한 복수를 마무리하려던 아버지의 계획을 완수했다. 기원전 323년까지 그리스에서 소아시아, 인도에 이르는 대제국을 건설하는 동안 그의 정복 전쟁은 11년이나 계속되었고, 원정 길이는 32,000km 이상에 이른다. 정복한 모든 지역에 부하들을 남겨두었던 덕분에 그리스의 언어와 문화는 매우 넓은 지역으로 퍼졌고, 건축 양식과 중요 사상들이 후대에까지 전해졌다. 그러나 알렉산드로스 대왕은 기원전 323년, 아라비아 원정을 준비하다가 서른세 살의 나이에 열병으로 죽고 만다.

알렉산드리아

알렉산드로스는 정복 지역 곳곳에 도시들을 세우고 모두 자신의 이름을 따서 알렉산드리아라고 이름지었다. 그 가운데 가장 유명한 곳은 이집트에 있는 알렉산드리아이다. 알렉산드로스가 죽자 그의 신하 장군들이 알렉산드로스의 부인 록사네와 어린 아들을 죽였다. 그리고 서로 제국을 차지하려고 싸웠다. 안티고노스는 그리스를, 프톨레마이오스는 이집트를, 셀레우코스는 서아시아를 차지했다.

사랑하는 말 부케팔로스를 탄 알렉산드로스

알렉산드로스 대왕의 원정

알렉산드로스는 그라니쿠스와 이수스에서 페르시아와 크게 싸워 이겼다. 그리고 남쪽으로 방향을 바꾸어 페니키아, 유대, 이집트를 정복했는데, 이집트에서는 파라오로 인정받았다. 페르시아 군을 가우가멜라에서 또 무찌르고, 인도로 가서는 히다스페스 강가에서 승리를 거두었다. 그는 계속 진군하고 싶었지만, 병사들은 지쳐 있었다.

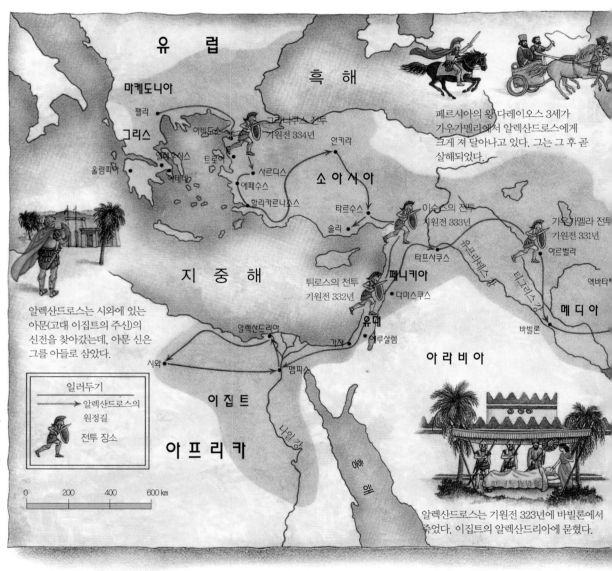

알렉산드로스는 시와에 있는 아문(고대 이집트의 주신)의 신전을 찾아갔는데, 아문 신은 그를 아들로 삼았다.

페르시아의 왕 다레이오스 3세가 가우가멜라에서 알렉산드로스에게 크게 져 달아나고 있다. 그는 그 후 곧 살해되었다.

일러두기
→ 알렉산드로스의 원정길
⚔ 전투 장소

0   200   400   600 km

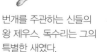

알렉산드로스는 기원전 323년에 바빌론에서 죽었다. 이집트의 알렉산드리아에 묻혔다.

그리스의 신들

오른쪽은 그리스의 중요 열두 신 중 다섯 신의 모습이다. 나머지는 다음과 같다. 제우스의 아내 헤라는 여자의 신, 헤라의 여동생 헤스티아는 가정의 수호신, 누이 아르테미스와 쌍둥이 신인 아폴론은 태양과 음악의 신, 아프로디테(비너스)는 사랑과 미의 여신, 하이데스는 지하 세계의 신, 아레스(제우스와 헤라의 아들)는 전쟁의 신, 제우스가 애첩에게서 얻은 헤르메스는 신들의 사자였다. 이들 외에도 삶과 죽음을 주관하는 신들이 있었다.

사냥과 달의 여신 아르테미스, 여자와 아이들을 보호했다.

번개를 주관하는 신들의 왕 제우스, 독수리는 그의 특별한 새였다.

곡물의 여신 데메테르. 밀과 보리 등을 기르는 힘을 가졌다.

바다의 신이자 제우스, 하이데스와 형제였던 포세이돈. 어부의 상징인 삼지창을 들고 있다.

지혜와 전쟁의 여신이자 제우스의 딸 아테나. 아테네의 수호신이며, 올빼미는 그녀를 상징한다.

지식에 대한 열망

그리스의 학자들은 기원전 6세기에 이르러 생명과 우주에 대해 연구했다. '지혜를 사랑하는 사람'이라는 뜻으로 철학자라고 불렸던 이들은 생물학, 수학, 천문학 등을 발전시켰다. 알렉산드로스를 가르친 아리스토텔레스는 수백 종류의 동물을 연구하여 그 결과를 기록했다. 이러한 그리스 초기 학자들의 연구는 근대의 생물학, 의학, 약학, 수학, 천문학, 철학의 기초가 되었다.

'피타고라스의 정리'로 유명한 피타고라스. 수학자이며 천문학자인 그는 기원전 580년경 그리스의 사모스 섬에서 태어났다.

기둥들이 신전을 이루고 있다. 신들의 조각상을 안치하는 큰 방과 보물을 보관하는 방이 있었다.

바깥벽은 전통적인 색인 빨강과 파랑으로 칠한 부조품과 조각품으로 장식되었다

이 도리스식 신전의 유적은 포세이돈의 신전으로, 남이탈리아에 있다

신전은 층을 이룬 기단 위에 세워졌다

페르세폴리스에서 잔치를 연 뒤 알렉산드로스는 자신이 인도를 침공하기 전에 이 궁전을 불태우라고 명령했다

알렉산드로스는 박트리아 귀족이자 페르시아 공주인 록사네와 결혼했다. 신하들도 페르시아 여자와 결혼하도록 권했다.

알렉산드로스는 히다스페스 강가에서 포로스 왕의 코끼리 부대와 싸웠다

건축

집은 대부분 벽돌과 나무로 소박하게 지었다. 신전도 나무로 짓고 짚으로 지붕을 이다가 기원전 6세기부터 돌과 대리석으로 짓고 구운 찰흙 타일로 지붕을 이기 시작했다. 건축 양식은 균형과 조화를 생각해 세웠던 기둥을 기준으로 두 가지로 나뉜다. 도리스식은 기둥이 튼튼하고 장식이 없는 소박한 양식이고, 이오니아식은 기둥이 가늘고 장식된 우아한 양식이다. 공공건물은 기둥 장식과 조각상으로 꾸며졌고, 일부에는 벽화도 그려졌다.

오늘날 터키의 밀레투스에 있는 그리스의 야외극장. 지금도 연극이 상연되고 있다.

올림픽 경기

그리스에서는 종교 축제의 일부로 운동 경기가 열렸다. 가장 중요한 경기는 4년마다 5일씩 열리는 올림픽 경기였다. 성인 남자들은 창던지기, 레슬링, 권투 등 군사 훈련을 바탕으로 한 시합에서 각축전을 벌였다. 경기가 열리는 동안에는 모든 전쟁이 중단되어서 참가자들 모두 올림피아에 안전하게 모일 수 있었다. 승리자는 종종 스타가 되었다.

아테네 근교에서 나는 찰흙으로 만든 꽃병. 올림픽 경기의 하나였던 전차 경주 모습이 그려져 있다. 올림픽 경기는 이밖에도 달리기, 5종 경기, 원반던지기, 말달리기 등이 있었다. 여자들에게는 경기 참가는 물론 구경조차 허락되지 않았다.

연극

디오니소스 신을 기리기 위해 아테네에서 열린 디오니소스 축제의 일부로 시인들이 노래를 짓고 부르다가 점점 연극으로 발전했다. 모든 출연자가 가면을 썼고, 오직 남자만 출연할 수 있어서 여자 역할도 남자가 했다. 야외극장을 지어 연극을 상연한 후 종류별(희극, 비극, 풍자극)로 최우수작에는 상을 주었다.

로마 –작은 마을에서 제국으로
Rome-From Villages to Empire

기원전 750년경, 테베레 강이 내려다보이는 언덕에서 살았던 농민 집단이 점점 강력한 도시로 성장해 갔다. 이들은 훌륭한 병사들을 배출하여 주변 지역을 지배하다가 기원전 264년, 이탈리아 전체를 차지했다. 로마인은 거기에 머무르지 않고 새로운 영토를 정복하고, 병사들을 훈련시키고, 군사 도로망을 건설했다. 그리고 언어(라틴어), 건축 양식, 통치 방법 등을 발전시켰다. 서양 역사에서 가장 크고 강한 제국이었던 로마는 서기 220년쯤까지 황제의 통치 아래 유럽의 대부분과 북아프리카, 서아시아의 많은 지역을 지배했다.

로마 제국의 초대 황제인 옥타비아누스의 두상. 기원전 27년에 그는 아우구스투스(존엄한 자)라는 칭호를 받았다.

로마의 지배자들

처음에는 왕들이 로마를 통치했지만, 기원전 507년경, 시민이 선출한 귀족이 정부를 운영하는 공화제가 수립되어 그 후 500년 가까이 계속되었다. 그러다 기원전 49년경, 로마는 내전이 난무하는 혼란 상태에 빠져들었다. 평화를 회복하기 위해 사람들은 권력을 한 사람에게 집중시키기로 하고 옥타비아누스를 초대 황제로 뽑았다. 그 뒤 트라야누스처럼 나라를 잘 다스린 사람도 있었지만, 대다수가 잔인했다. 도미티아누스는 자기에게 반대한 사람을 모두 죽였고, 칼리굴라는 자신이 타는 말을 원로원 의원으로 임명할 만큼 미친 사람이었다.

로마의 장군 율리우스 카이사르(줄리어스 시저)는 기원전 44년 3월 15일, 정적들에 의해 암살되었다.

원로원

공화제 때의 로마는 콘술이라는 두 사람의 집정관이 통치했다. 그리고 법안을 심의하는 원로원의 의원들이 이들을 도왔다. 콘술과 관리들은 평민들이 해마다 투표로 선출했다. 평민들은 통과된 법에 대한 거부권도 가졌다. 하지만 나중에 황제들이 이 권리를 없앴다.

기원전 300년부터 영토가 최대에 이른 서기 200년까지의 로마 제국

범례	
기원전 300년	
기원전 100년	
서기 220년	

서기 122년경, 북부 변방을 지키기 위해 황제 하드리아누스가 거대한 벽을 쌓도록 명령했다.

율리우스 카이사르는 기원전 58~51년에 갈리아를 정복하고, 기원전 55~54년에 브리타니아를 두 번 침공했다

겨울 폭풍을 피하기 위해 배들은 11월부터 다음 해 3월까지 항구에 정박했다

기원전 218년, 카르타고의 장군인 한니발이 로마를 공격했다. 그는 병사 4만 명과 코끼리 37마리를 이끌고 알프스를 넘었다.

물을 끌어 오려고 세고비아에 아름다운 수로를 건설했다

곡물과 올리브유 등 생활필수품이 로마 남쪽의 오스티아 항으로 운반되었다

0 100 200 300 400 km

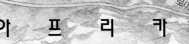

도로 건설

로마는 제국 전체에 거대한 도로망을 만들어 군대 이동, 우편 전달, 교역에 이용했다. 강이나 경사가 심한 계곡에는 다리를 놓았다. 제국이 멸망한 뒤에도 로마의 도로는 수백 년간 사용되었고, 유럽의 많은 도로가 로마의 도로를 모델로 삼아 만들어졌다.

원로원 의원이 하얀 옷 가장자리에 자주색 띠가 있는 '토가'를 입고 있다

로마 군의 상주 캠프

마구간

막사마다 80명에 이르는 병사들로 붐볐다

사령부 건물

캠프를 지키려고 망루가 있는 높은 벽을 쌓았다

변경의 경비병들은 지방의 반란을 진압하는 데 시간을 낭비했다

군대

로마의 군대는 당시 세계에서 가장 잘 훈련되었고 장비 또한 훌륭했다. 병사들은 대열을 지어 방패로 몸을 지키며 칼과 창으로 싸웠다. 그들은 밤이 되면 캠프를 설치하고, 다음 날 아침이 되면 철거했다. 제국의 변경에는 군대가 상주하는 캠프가 있었다.

각 군단에는 군단기가 있었다. 깃대 꼭대기에는 로마 신들의 왕인 유피테르(주피터)를 상징하는 은 독수리로 장식되었다.

크고 튼튼한 건물

로마인은 처음에 그리스인의 건축 양식을 모방하다가 기원전 2세기에 화산재로 콘크리트 만드는 방법을 개발해 좀더 크고 튼튼한 건물을 지었다. 그리고 건물의 무게를 균형 있게 떠받칠 수 있는 아치를 개발해 다리, 상수도, 콜로세움(원형 극장) 등을 만들었다.

로마의 각 도시 중앙에는 포럼이라는 야외 광장이 있었다. 로마 시의 포럼 주위에 있던 건조물의 일부는 지금도 그대로 있다.

종교

로마인은 여러 신을 섬겼다. 베누스(비너스)는 사랑과 미의 여신이었고, 마르스는 전쟁의 신이었다. 그 뒤 크리스트교가 급속히 퍼져 서기 392년에는 로마 제국의 국교가 되었다.

아우구스타 트레베로룸 (트리어)

마르쿠스 아우렐리우스 황제가 도나우 강가와 로마 변경에서 야만족의 침입을 막고 있다

게르마니아

도나우 강

카르눈툼

로마인은 언어가 다른 민족을 야만족이라 여겼지만, 로마 제국은 결국 야만족들에 의해 무너졌다. 훈 족의 왕 아틸라가 이끈 부대가 가장 유명했다.

알프스

아퀼레이아

아드리아 해

비미나키움

도나우 강

두로스토룸 (실리스트라)

흑 해

트라페주스 (트라브존)

코르시카 섬

로마

콜로세움

이탈리아

사르데냐 섬

비잔티움 (이스탄불)

그리스의 대리석은 로마의 아름다운 건물을 짓는 데 사용되었다

에게 해

아나톨리아

에페수스

경기장에서 싸움을 시키기 위해 아프리카와 인도에서 야수들을 데려왔다

중국으로부터의 교역로

로마의 주요 도로

그 리 스

이오니아 해

레기움 (레조디칼라브리아)

시칠리아 섬

시라쿠사

카르타고

중

해

엘디아

렙티스 마그나

제1차 포에니 전쟁 당시 로마와 카르타고는 시칠리아 섬을 차지하기 위해 바다에서 치열한 싸움을 벌였다

크레타 섬

키프로스 섬

안티오크

시 리 아

이집트에서 무역선이 곡물과 아마포를 싣고 로마로 가고 있다

유대

예루살렘

예수 그리스도는 티베리우스 황제 때 로마가 지배한 유대에서 십자가에 못 박혔다

도로 중앙부를 높게 해 빗물이 도로 양쪽의 도랑으로 흘러내리게 했다

도로는 단단하고 두꺼운 석판으로 포장했다

노예를 비롯한 일꾼들이 땅을 파고 돌과 자갈을 층층이 깔았다

이집트의 클레오파트라는 로마의 장군 안토니우스와 결혼했다. 그들은 기원전 31년, 악티온 해전에서 옥타비아누스에게 패해 자살했다

알렉산드리아

이 집 트

홍 해

나일 강

39

로마-도시 생활 *Rome-Life in the City*

서기 300년경, 인구 백만 명이 넘었던 로마 시는 궁전과 귀족들의 아름다운 집이 있는 웅장한 도시였다. 황제들은 도시 곳곳에 자신들의 조각상과 개선문, 승리 기념탑을 세웠다. 집회가 열리는 포럼(대광장), 시장, 극장, 도서관, 공중목욕탕, 상품을 파는 상점들이 있었다. 부자들의 생활은 매우 즐겁고 윤택했다. 하지만 가난한 사람들은 소란스럽고 더럽고 위험한 공동 주택 지역에서 살았다. 간혹 공동 주택이 무너지거나 불이 나면 사람들이 죽기도 했다. 전쟁 노예들의 생활은 더 비참했다. 그들은 더럽고 힘든 일을 해야 했고, 콜로세움에서 검투사로 싸우기도 했다. 싸우다가 죽는 경우가 대부분이었다.

네덜란드 출신의 영국 화가 로렌스 알마타데마 경(1836~1912)의 그림. 해마다 4월에 곡물의 여신 케레스를 기리는 축제의 행렬이다.

가정생활

손자와 노예를 포함한 가족의 가장이었던 아버지는 가족의 생명을 좌우하는 권한을 가졌다. 새로 태어난 아이는 가장의 허락을 받아야 가족의 일원이 되었는데, 허락을 받지 못하면 집 밖에 버려져 죽었다. 가족으로 받아들이는 경우에는 잔치를 열어 아이에게 축하하고, 집을 나뭇잎과 화환으로 장식했다. 태어나서 9일이 지나면 남자 아이에게는 마귀를 쫓는 '폴라' 라는 장신구를 목에 걸게 했다. 아이가 자라면 부모가 결혼 상대를 결정했다.

가난한 사람들은 일하기에 편리한 '튜닉' 이라는 간단한 옷을 입었다.

소년소녀들도 튜닉을 입었다. 소년은 열네 살이 되면 가족과 함께 포럼에 가서 갓난아이였을 때 목에 건 폴라를 벗고, 성인 남자 시민으로서 토가를 입었다.

로마 시민의 공식적인 옷은 '토가' 였다. 커다란 반원형의 흰 모직물로 만들었는데, 튜닉 위에 입었다.

여자는 아름다운 모직물 튜닉을 입었다. 튜닉이 발전하여 발에까지 닿는 '스톨라' 가 되었다. 스톨라 위에 '팔라' 라는 겉옷을 입었다.

집과 상점

로마 시는 땅이 모자라 부유한 사람들만이 '도무스' 라는 집을 가지고 있었고, 대다수는 '인술라' 라는 공동 주택에서 살았다. 인술라 1층에는 도로 쪽으로 낸 작은 상점이 있었고, 위층으로 올라갈수록 방이 작고 방세가 쌌다. 조리 시설을 갖춘 방이 거의 없어서 상점에서 음식을 사 먹어야 했다. 수도조차 없는 방도 있었지만, 거리마다 공중변소와 샘이 있었다.

학교

부유한 부모들은 아들들을 학교에 보내거나 집에 가정교사를 들였다. 소년들은 대개 여섯 살이 되어 학교에 입학해 읽기쓰기와 수학의 기초를 배웠다. 열한 살이 되면 '그라마티쿠스' (학자)라는 상급 교사에게 가서 문학, 역사, 수학, 천문학을 배웠다. 정치가가 되고 싶은 사람은 열네 살 때까지 수사학(공공 연설)을 배웠다. 소녀들은 집에서 집안일을 배웠고, 가난한 아이들은 공부할 기회가 없었다.

로마의 집 내부

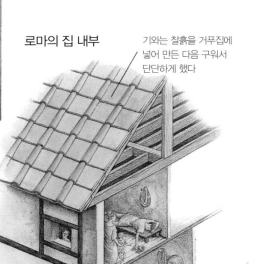

기와는 찰흙을 거푸집에 넣어 만든 다음 구워서 단단하게 했다

공동 주택의 2층에는 안락한 가구를 갖춘 큰 방이 있었다

상점에서는 빵, 고기, 야채, 과일 등 생활 필수품을 팔았다

개들이 먹을 것을 찾아 거리를 돌아다녔다

거리는 더러웠고, 벽은 낙서로 뒤덮여 있었다

로마 시의 벽

물

로마는 공중목욕탕, 공중변소, 식용에 쓸 엄청난 양의 물을 수로를 통해 시내로 끌어왔다. 부유한 사람들은 직접 자기 집으로 통하는 수도관을 설치했다. 수도 요금은 수도관의 굵기에 따라 냈는데, 많은 사람이 요금을 내지 않으려고 몰래 큰 수도관에 자기 집 수도관을 연결했다. 공중목욕탕은 온탕과 냉탕이 있는 큰 건물이었다.

1750년에 만들어진 트레비 분수. 아우구스투스 황제 때 만들어진 비르고 수로에서 물을 끌어 왔다.

*중2 사회 유럽 세계의 형성·고등 세계사 문명의 새벽과 고대 문명, 유럽의 봉건 사회

로마 시 지도

아래는 서기 300년경의 로마 시 지도이다. 도시를 방어하기 위한 벽은 서기 270년, 아우렐리아누스 황제가 쌓았고, 수로의 이름은 건설한 황제의 이름을 땄다.

지도 일러 두기

❶ 하드리아누스 황제의 영묘
❷ 아우구스투스 황제의 영묘
❸ 루쿨루스 황제의 정원
❹ 클라우디우스 황제의 개선문
❺ 도미티아누스 황제의 경기장
❻ 하드리아누스 황제의 신전
❼ 디오클레티아누스 황제의 목욕탕
❽ 근위병 막사
❾ 트라야누스 황제 포럼
❿ 로마 포럼
⓫ 테베레 섬
⓬ 콜로세움
⓭ 트라야누스 황제 목욕탕
⓮ 클라우디우스 신전
⓯ 막시미아누스 타원형 경기장
⓰ 카라칼라 황제 목욕탕

검투사들의 싸움을 그린 모자이크화. 검투사는 시민들의 오락을 위해 훈련 받은 죄수나 노예였다.

인테리어

로마인은 그리스 예술에 감동하여 그리스 조각가나 화가로 하여금 자신들의 집을 장식하게 했다. 집 외부는 대부분 아무 장식도 없었지만, 부유한 사람들은 내부 벽에 신화 속의 장면을 그리거나 정원, 전원의 풍경을 그렸다. 그리고 신과 여신들의 조각상을 집 주위에 놓았다. 바닥은 색색의 작은 돌들로 그린 모자이크로 덮었다. 그리고 나무나 청동, 대리석으로 만든 가구와 고대 그리스의 꽃병으로 장식했다.

콜로세움에서의 처절한 싸움. 로마인은 이국적인 동물들을 좋아해 사자, 호랑이, 표범, 코뿔소, 곰 등을 세계 각지에서 데려다가 대중 앞에서 싸움을 붙였다.

잔인한 경기

가장 인기 있는 것은 전차 경기, 검투사들의 싸움, 야생 동물 사냥이었다. 피에 굶주린 관중은 어느 한쪽에 돈을 걸고서 야수들이 죽을 때까지 싸우는 모습을 지켜보았다. 검투사들은 검이나 그물, 창을 들고서 살아남기 위해 싸웠다. 검투사가 상처를 입으면 관중은 엄지손가락을 치켜 올리거나 내려서 그 검투사를 살릴 것인가 죽일 것인가를 결정했다.

5년마다 시민 수와 전투에 참가할 수 있는 사람을 세는 인구 조사를 받았다. 로마 시민이면 누구나 국가의 배급품(곡물)을 무료 배급을 받을 수 있었다. 인구 조사는 왼쪽 그림처럼 황소와 양, 돼지를 희생물로 바치는 종교 축제를 여는 동안에 이루어졌다.

풍요로운 아라비아 The Riches of Arabia

아라비아 사막 지대는 세계에서 가장 덥고 건조한 곳 가운데 하나이다. 이곳에 사는 사람들은 동물들을 이끌고 물웅덩이를 찾아다니는 유목민이었다.

그러나 땅이 기름진 서부와 남부의 해안 지대에는 포장된 도로와 번화한 무역 도시들이 있었다. 메카에서는 이슬람교가 탄생했고, 남부의 왕국들에서는 아랍(아라비아의 준말)인이 무역으로 굉장한 부를 누렸다. 종교 의례에 쓰기 위해 해외 여러 나라들에서 유향과 몰약을 수입해 갔다. 무역상들은 구리, 주석, 철뿐만 아니라 금, 보석, 상아도 팔았고, 교역망이 지중해에서부터 동아프리카, 인도, 중국에까지 미쳤다.

로마로 가는 교역로

지 중 해

팔미라

튀로스 (레바논)

나 바 테 아

알렉산드리아

페트라

시나이 반도

으

나바테아 인 공예가는 멋진 장식 토기를 만들었다.

껴

미

아이

베레니세

사막 생활

'사막에서 사는 사람' 이라는 뜻의 베두인 족은 가족 단위로 다니면서 염소털로 짠 천으로 만든 큰 천막에서 생활했다. 이 천막은 낮에는 뜨거운 햇볕을 가려 주고, 밤에는 사막의 추위를 막아 주었다. 베두인 족은 처음에 양과 염소를 기르다가 점차 말과 낙타를 길렀다. 낙타는 하루에 160km나 여행할 수 있고, 물을 먹지 않고도 8일 동안이나 견딜 수 있었다. 그래서 기원전 1,100년경부터 베두인 족은 낙타를 타고 사막을 횡단할 수 있었다.

아시리아에서 발견된 돌 조각품. 낙타를 타고 아랍의 지도자들이 아시리아의 침입자들을 물리치고 있다.

기원전 100년경에 만든 국고 (나라의 재산을 보관하는 곳) 라는 뜻의 카스네 절벽에 둘러싸인 계곡에 위치한 페트라 (오늘날의 요르단 지역)에서는 큰 바위를 파고 거기에 신전과 영묘, 기념비 등을 만들었다. 입구가 하나밖에 없어서 방어하기 쉬웠다.

무하마드의 생애

낙타 대상이었던 이슬람교의 시조 예언자 무하마드(마호메트, 서기 570~632)는 몇 년의 기도와 명상 끝에 유일신인 알라의 계시를 받았다. 처음에는 그의 고향 메카 사람들도 그의 전도를 잘 받아들이지 않았다. 그러나 서기 630년에 무하마드가 군대를 이끌고 돌아와 메카의 군대를 격파하고 메카를 차지하자 이슬람교 신자(무슬림)들이 급속도로 늘었다.

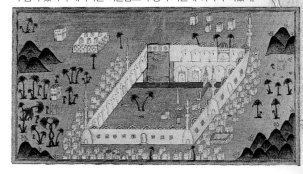

메디나에 세워진 신성한 사원을 그린 타일화. 이 사원에 무하마드의 무덤이 있어서 메디나는 이슬람교의 성지 가운데 하나가 되었다.

다신교에서 일신교로

초기의 아랍인은 달의 신과 그의 아내인 태양의 여신, 그리고 샛별(금성)로 상징되는 사랑의 여신 아타르사마인 등 많은 신을 섬겼다. 그러나 무하마드는 유일신인 알라만이 있을 뿐이라고 전도했다. 무슬림에게는 다섯 가지의 종교 의무가 있다. 첫째, 유일신을 믿고 무하마드를 예언자로 인정해야 한다. 둘째, 메카를 향해 하루에 다섯 차례 기도해야 한다. 셋째, 가난한 사람들에게 자선을 베풀어야 한다. 넷째, '라마단' 이라고 부르는 달에는 금식해야 한다. 다섯째, 일생에 한 번은 메카를 순례해야 한다.

나바테아인

아라비아 북부에서 살았던 나바테아인은 기원전 4세기에 성서에서 에돔이라고 한 지역을 포함한 왕국을 세웠다. 수도 페트라는 남아라비아와 이어진 향료 교역로를 지배했다. 그들은 1세기에 가장 번성하여 북쪽으로 다마스쿠스까지 차지했으나 서기 106년, 로마인에게 나라를 빼앗겼다.

검은 베일 아래에 있는 메카의 카바 신전 앞에서 기도하는 무슬림 순례자들. 카바 신전은 아브라함이 세웠다고 전해진다.

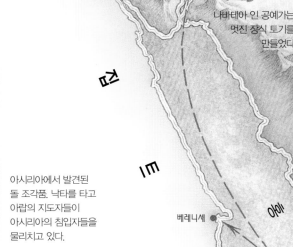

중국으로 가는 교역로

메 소 포 타 미 아

제노비아 여왕은 무역 도시 팔미라를 지배하며 아랍인들을 단결시켜 로마에 저항했다. 그러나 마침내 황제 아우렐리우스에게 패해 로마로 잡혀 갔다.

아랍의 족장들은 '살루키'라는 개로 사자 등을 사냥했다. 지금은 이 지역에 사자가 멸종되었다.

푸 드
사 막

베두인 족은 염소털로 짠 천으로 만든 천막에서 살았다. 낙타가 꼭 필요했으며, 말도 매우 좋아했다.

페 르 시 아 만

'다우'라는 배를 타고 인도, 아프리카와 교역했다

인도로 가는 교역로

페 르 시 아

게디나

첫 순례 때에 수천 명의 병사가 도시 메카를 무찌르고 입성했다.

상인들은 대상을 이루어 낙타를 타고 육로로 무역했다

아 라 비 아

룹 알 할리
사 막

오직 무슬림만이 신성한 도시 메카에 들어갈 수 있었다

유향나무와 몰약나무의 껍질을 벗기고 거기서 나온 진을 채취해 방향제를 만들었다

기원전 7세기에 만들어진 마리브의 댐은 크게 손상 되어 서기 7세기에 무너졌다

하 드 라 마 우 트

시밤

아라비아 반도 남서부(오늘날의 예멘 지역)에 있는 계단식 농지. 8월 우기 후에 성장하고 있는 작물의 모습이다.

엘

사 바 에 아

악숨

마리브

살구 수출

카 타 반

아덴

기원전 3세기와 4세기에 흙벽돌로 지은 고층 주택이 있었다

카나

남아라비아의 악숨 사람들이 서기 570년에 쳐들어와 메카로 진격했지만, 천연두의 창궐로 퇴각했다

인도로 가는 교역로

아 덴 만

아

이슬람교 전파

유럽

흑해

카스피해

아 시 아

코르도바
그라나다
페스

지 중 해

다미스쿠스
바그다드
이스파한

카불

알렉산드리아
카이로

예루살렘

메디나

인 도

아 프 리 카

메카

아 라 비 아

서기 632년

서기 750년

아 라 비 아 해

이슬람교를 바탕으로 아랍인은 아라비아 반도 밖으로 몰려 나가 전투와 정복을 되풀이하며 제국의 영토를 확장했다. 중앙아시아와 인도 서북부, 북아프리카와 남유럽을 차지했으며, 가는 곳마다 주민의 대부분을 이슬람교로 개종시켰다. 그리고 새로운 영토의 문화와 학문을 받아들여 독자적인 문명을 일으켰다.

행복한 아라비아

아라비아 반도의 땅이 기름진 해안 지대에는 곡물과 과일, 채소 등을 기르기에 충분한 물이 있었다. 로마인들은 그래서 이 지역을 '행복한 아라비아'라고 불렀다. 기원전 25년에는 로마의 아우구스투스 황제가 아라비아 내륙으로 탐험대를 보냈지만, 탐험대는 불타는 듯 더운 사막만 발견했을 뿐이다. 그래서 아라비아를 정복하려는 생각을 버렸다.

0   100   200   300 km

아프리카-황금 왕국 *Africa-Kingdoms of Gold*

반투 어족 사람들이 사하라의
숲 지대에서 동쪽과 남쪽으로 진출했다.

그들은 기원전 500년쯤에는 콩고 강 유역에,
서기 400년쯤에는 남아프리카에 이르렀다. 아프리카 도시
일부가 사하라 이남에 있는 반투 족 중심지에 세워졌다. 가나, 말리,
송가이, 베닌 등의 왕국들은 서기 8세기에 북아프리카에 침입한
무슬림들과 금을 교역했다. 동부의
메로에에서는 아프리카의 문명이 이집트
다음으로 일어났고, 남부에서는 거대한
요새에 둘러싸인 대짐바브웨 제국이
건설되었다. 이 도시는 남아프리카의 종교,
정치, 무역의 중심지였다.

메로에 왕국

이집트의 남쪽에서 이집트의 지배를
받으며 살았던 누바인과 쿠시인이
기원전 728년에 이집트부터 쿠시
권을 빼앗아 약 100년 동안 통치했다.
그러나 결국 남쪽으로 물러나 기원전
3세기에 메로에에 수도를 세우고
벽돌과 돌로 왕궁, 사자의 신
아페데마크를 위한 신전, 정사가 긴한
아래...

피라미드를 건축했다. 그들의 예술, 건축, 종교는
이집트의 영향을 받았지만, 그것을 독자적인 양식
으로 발전시켰다. 일짜배로 처음 발전시킨 민족으
로 한 메로에 사람들은 쇠를 기르고 무쇠를 제쳐
기도 한 메로에 사람들은 쇠를 기르기 위해 황소가 끄는 수레를
이용했다. 철 제공에도 뛰어났고, 상인들은 지중해
연안의 나라들이나 인도와 성공적으로 무역했다.
메로에는 4세기에 아숨인에 의해 무너졌다.

가운데 삽화:
기원전 590년경 금으로 만든 파라오스 등 쿠시
이 왕 아스펠타의 것으로, 나페타 근처에서 발굴
되었다.

동아프리카 왕국들의 무역

아프리카 동부 해안의 왕국들에서 금, 상아, 노예, 구리, 철, 에메랄드, 향신료, 동물 가죽 등의 이슬람 국가들과 인도, 중국의 상인들을 끌어들였다. 모가디슈, 말린디, 킬와 등 해안 도시의 지배자는 내륙에서 오는 상품에 관세를 매겨 엄청난 부를 쌓았다. 킬와의 술탄은 배 개가 넘는 방과 이름난은 아프리카에서 처음으로 크리스트교를 받아들인 궁전에서 살았다.

이슬람 왕국

중세에 남쪽 끝에 있었던 이슬람 왕국은 상아, 향료, 향신료를 교역하기에 유리했다. 에자나 왕(서기 320~350년) 당시 부흥해진 이슬람인들은 6세기에 아라비아의 일부를 정복하여 한동안 지배했다. 매부 분 높이, 금 직포, 건육 노동자였으며, 이슬람 왕국은 아프리카에서 처음으로 크리스트교를 받아들인 부족이라고도 한다.

16세기, 아프리카의 공예가가 만든 상아뿔은 포르투갈 병사들의 외투를 장식하는 수출품이었다.

도시 이슬람

30m나 되는 이 탑들에는 종교 생활의 장면들이 새겨져 있다

시내에서 가장 중요한 건물은 타라진 마리암 왕궁이었다

사람들은 대부분 진흙과 돌로 지은 둥근 집에서 살았다

식량임과 마리섬은 공전을 배불과 종교 건물 짓는 데 사용되었다

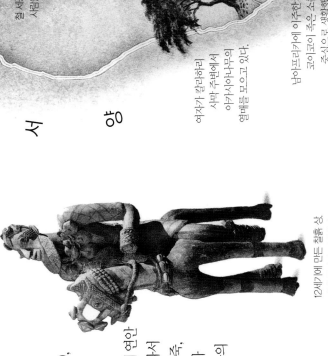

인 도 양

대 서 양

인도와 중국으로 가는 교역로

1270~1450년경, 돌 성벽으로 두른 대짐바브웨가 쇼나 제국의 수도로 건설되었다

아프리카 동부 해안에서 향구가 크게 발전하여 고 지배자들도 아랍 상인들과 무역했다

마다가스카르는 섬의 여자들과 아프리카에서 들어온 가장 씨앗을 심어 고기 가장 넓은 나무 밭에 땅을 굽어 무역했다

큰 강을 옆의 마을 사람들은 물고기를 잡아먹으며 살았다

철 세대에 뛰어났던 반투 어족 사람들은 철을 녹을 가마를 만들고 숲을 연료로 사용하서 철을 다뤘다

여자가 킬라하리 사막 주변에서 아카시아나무의 열매를 모으고 있다

남아프리카에 이주했던 코이코이족 죽은 소름은 중심으로 생활했다

반투 어족

사하라아프리카에서 목축과 농업을 하며 살았던 반투 어족은 아프리카 대륙의 여러 곳으로 진출하는 데 전승되던 철 제련 기술이 이주하는 데 도움이 되었다.

황금 왕국

서아프리카에서 가나(서기 700~1,200), 말리(서기 1,200~1,500), 송가이(서기 1,350~1,600) 등의 왕국들이 황금을 원천으로 발전했다가 쇠퇴했다.

숲 속의 왕국 베닌

11세기, 오늘날의 나이지리아-숲 지대에 세워진 베닌 왕국은 에와레 대왕이 다스린 14세기에 전성기를 맞았다.

12세기에 만든 청동 흉름 상. 현대 근처의 고분에서 발굴되었다.

인도 - 마우리아 왕조 *India-The Mauryan Age*

인더스 문명이 사라진 후 기원전 600년경,
인더스 강 유역에 침입한 아리아인이 인도를
지배했다. 그들은 자신들의 언어(산스크리트어)를
소개하고, '베다' 라는 신성한 성가를 지었다. 베다는 인도 사회와 힌두교의
기반이 되었지만, 영토는 작은 왕국들로 나뉘어 싸움이 끊이지 않았다.
그리고 기원전 330년, 페르시아를 정복한 알렉산드로스(알렉산더) 대왕이
군대를 이끌고 인도로 쳐들어왔다. 그러나 병사들이 지쳐서
몇 달 후에 그리스로 돌아갔다. 이때 인도의 젊은 전사인
찬드라굽타 마우리아가 세력을 차지했다. 그는 먼저
지배국인 마가다 왕국을 무너뜨리고,
알렉산드로스 제국의 일부를 지배하는
그리스의 장군 셀레우코스에게 도전했다. 마우리아의 손자
아소카가 왕위를 이을 때 인도는 처음으로 하나의 제국으로
통합되어 있었다. 마우리아 왕조는 기원전 322년부터
기원전 185년까지 인도를 지배했다.

찬드라굽타는 그리스의 병사들을 돌아대고 알렉산드로스가 점령했던 지역의 지배자가 되었다

아소카 왕은 멀리 이집트와 리비아에 사절을 보내 전쟁을 끝내고자 하는 불교 신자로서의 희망을 청했다

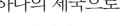
이집트로

인더스 강

망고 수확

아 라 비 아 해

아소카 왕의 불교 귀의
마우리아 왕조의 아소카 왕은 기원전 272년
경부터 전쟁으로 명성을 얻었다. 제국은
그의 지도 아래 영토를 확장했다.
그러던 중 칼링가와의 피비린내 나는
전투에서 10만 명 이상의 병사와 시민이
목숨을 잃었다. 그는 그 끔찍한
유혈 사태를 보고 충격을 받아 불교에
귀의했다. 그 후 그의 통치 방식에
큰 변화가 나타났다. 폭력을 쓰지
말라는 불교의 가르침을 따랐고,
모든 사람이 평화롭게 살도록 했다.
그리고 병원을 짓고, 삼림 보호 정책을 썼다.

사르나트에 있는 돌기둥. 아소카 왕이 제국에 세운 기념 돌기둥 가운데 최초. 돌기둥 꼭대기에는 네 마리의 사자가 불교를 상징하는 네 수레바퀴의 대좌에 앉아 있다. 네 마리의 사자는 오늘날 인도에서도 기둥 꼭대기 장식으로 쓰인다.

마우리아 왕조 왕의 초상은 한 장도 남아 있지 않다. 이 벽화는 그 후 인도 지배자의 화려한 모습이다.

부처 - 깨달은 사람
고타마 싯다르타는 기원전 563년,
인도의 왕가에서 태어났다. 그는
출가해서 고통과 인생의 의미에 대해
깊이 생각했다. 6년간의 수업과 기도
끝에 고타마는 깨달음(완전한 이해)를
얻어 부처, 곧 '깨달은 사람' 이 되었다.

건축 명소
불교 신자였던 아소카 왕은
사원과 '스투파' 라는 성스러운
무덤을 만들고, 전 제국에
돌기둥을 세웠다. 페르시아에서 온 석공들이
기둥 제작에 참여했는데, 이 기둥들에는 나라를
진실하고 친절하게 다스리겠다는 맹세가 새겨졌다.
마우리아 왕조의 지배자들은 파탈리푸트라에 있는
화려한 궁전에서 살았다. 궁전에는 정원과 호수,
경기장까지 갖춘 공원이 있었다.

산치에 있는 스투파는 아소카 왕 때 지어졌다. 스투파는 부처의 생애와 관계있는 곳에 사리를 안치하고, 그 위에 무덤을 세운 것이다.

연꽃잎 위에 앉아 있는 부처의 조각상. 부처는 사람들에게 어떻게 하면 평화(열반)를 얻고 끝없는 윤회의 고리에서 벗어날 수 있는지 설파했다.

마하바라타를 주제로 한 그림. 마하바라타는 긴 서사시로, 왕국을 빼앗긴 다섯 왕자가 나라를 되찾기 위해 싸우는 이야기이다. 이 그림은 다섯 왕자 중 아르주나가 알려지지 않은 배다른 형제 카르나를 죽이는 장면이다. 힌두교의 신들인 브라마, 인드라, 시바가 하늘에서 내려다보고 있다.

히말라야산맥

농지에 댈 물을 우물에서 퍼 올리고 있다. 소가 비탈길을 내려가면 밧줄로 맨 물통의 물이 끌어올려진다.

왕국의 주요 도로 가에는 간격을 두고 휴게소를 지었다. 파탈리푸트라에서 탁실라까지의 주요 도로에는 여행자들에게 그늘을 만들어 주려고 반얀나무를 심었다.

무희, 악사, 곡예사가 여러 종교 축제에 참가했다

도시를 지키기 위해 마우리아 왕조 때의 수도 파탈리푸트라(오늘날의 파트나) 주위에 깊은 해자를 파고 높은 나무 망루를 세웠다

사르나트 ●
파탈리푸트라

마우리아 왕조의 주요 도로

● 바르트

마가다

우자인 ●   산치 ●

아소카 왕은 부처의 가르침에 따라 나라를 다스리겠다는 자신의 약속을 조각한 돌기둥을 세우도록 했다

생강, 계피 등 인도의 향신료는 여러 세기 동안 유럽, 아프리카, 아시아의 상인들에게 높은 값에 팔렸다

나르마다 강

마우리아 왕조의 주요 도로

마우리아왕조

데칸 고원

● 토살리

사람들은 대부분 흙과 소똥을 덧바른 진흙으로 지은 집에서 살았다

칼링가와 싸울 때는 어금니 끝에 날카로운 금속을 단 코끼리들이 군대를 이끌었다

크리슈나 강

수반나리 ●

벵골 만

아소카 왕의 아들 마힌다가 기원전 2세기에 실론(오늘날의 스리랑카)에 불교를 전했다

갠지스 강은 인도의 성스러운 강이다. 이 강에서 세속의 죄를 씻는 목욕은 고대부터 힌두 교도들의 관습이었다.

실 론

위대한 서사시

인도 문학에는 모험을 주제로 한 긴 서사시가 많다. 힌두교의 발전을 말해 주는 가장 훌륭한 대서사시는 '마하바라타'와 '라마야나'이다. 그리고 아리아인이 도착한 직후에 쓰인 '리그베다'(시 모음으로 된 인도의 가장 오래 된 성전)에는 신들에 대한 천 편이나 되는 찬가가 있다. 이 찬가들은 오랫동안 구전되다가 훗날 기록되었다.

동남아시아로 가는 교역로

0   100   200   300 km

민중과 카스트와 신앙

기원전 300년경, 마우리아 왕조는 종교 관습에 따라 사람들을 네 계층으로 나누었는데, 이것이 후에 카스트 제도의 기반이 되었다. 처음에는 하는 일에 따라 계층을 정하다가 나중에는 부모의 카스트에 따라 혈통적으로 정해졌다. 다신교인 힌두교가 가장 대중적인 종교였지만 불교, 자이나교, 그 밖에 비폭력을 내세우는 종교도 믿었다.

카스트 제도의 네 계급

① 가장 높은 계층은 승려인 브라만으로, 신에게 제사를 지내며, 사람들의 종교 생활을 감독했다

② 크샤트리아는 전사 계층이었는데, 이 계층에서 왕과 왕비가 나왔다

④ 가장 낮은 계층인 수드라는 위 계층 사람들의 하인으로 일했다

③ 바이샤는 농민, 상인, 대금업자 등으로, 국가의 재산에 관해 책임을 졌다

중국-진시황제 *China-The First Emperor*

기원전 221년까지 중국은 제후가 다스리는 여러 나라(제후국)로 나누어져 있었다. 영토를 가지고 백성들을 다스렸던 제후들은 250년 이상 서로 싸우다가 '진'의 왕인 '정'(시황제의 이름)에 의해 통일되었다.('차이나'는 '진'에서 비롯되었다)

정은 자신의 절대 권력을 과시하기 위해 황제라는 칭호를 정하고, '최초의 황제'라는 뜻의 '시황제'라고 스스로 일컬었다. 시황제는 옛 지도자들을 굴복시켜 수도인 시안에서 살게 했다. 그리고 제국을 새로운 행정 구역으로 나누고 관리를 파견하여 나라를 효율적으로 통치했다.

온 나라를 연결하는 도로망과 수로망을 건설했고, 세계 불가사의의 하나인 만리장성을 쌓았다. 그러나 그의 노력에도 불구하고 그가 죽은 후 얼마 안 된 기원전 206년에 제국은 무너졌다.

진의 호랑이

정은 겨우 열세 살에 진의 왕이 되었다. 뛰어난 전사이면서 정치가였던 그는 성품이 강인해서 '진의 호랑이'라고 불렸다. 이런 별명을 얻은 그도 죽음을 매우 두려워했다. 자다가 살해될까봐 두려워 천 개 이상의 침실을 만들고 밤마다 다른 침실에서 잤다. 그는 결국 자연사했다.

시황제는 자기의 뜻에 어긋나는 내용의 책을 모두 불태우고, 자신에게 반대한 학자들을 생매장했다. 이것을 '분서갱유'라고 한다.

진 시대의 시골에서 발견된 비취로 만든 저울추. 시황제는 도량형을 통일했다.

표준화 작업

오랜 전쟁으로 황폐해진 나라를 부흥시키기 위해 시황제는 표준 글자를 만들고, 다른 상품들처럼 벽돌에도 만든 사람의 이름을 표시하도록 했다. 만약 물건에 잘못이 있으면 만든 사람이 벌을 받았다. 심지어는 수레의 폭을 통일해서 어느 길이든 다닐 수 있게 했다.

각 나라는 독자적인 화폐를 사용했다. 시황제는 주화를 둥글게 만들고, 가운데에 구멍을 뚫어 끈으로 꿰어 지닐 수 있게 했다.

제국의 수도에 지은 궁전

벽을 따라 곳곳에 망루를 세웠다

흙과 자갈로 내부를 다지고, 외부에는 돌을 쌓았다

석궁을 쏘려고 만든 창문

장성은 높이가 9미터이고, 폭은 전차가 충분히 다닐 만했다

만리장성

중국은 오랫동안 북쪽의 유목 민족인 흉노족(훈족)의 위협을 받아 왔다. 각 지방의 지배자들은 큰 벽을 만들어 그들의 침입을 막으려고 했다. 시황제는 기원전 214년, 이 벽들을 연결하여 3,460km가 넘는 거대한 벽을 만들게 했다. 날씨가 춥고 습도가 높아 공사 현장에 위험이 많았다. 수천 명이 목숨을 걸고 일했다. 일하다가 죽은 사람은 쓰러진 곳에 바로 묻었다.

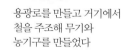

용광로를 만들고 거기에서 철을 주조해 무기와 농기구를 만들었다

몽염이라는 장군이 장성 건설을 책임졌다. 그는 관리들을 파견하여 공사를 감독하게 했다.

적의 습격에 대비해서 병사들이 보초를 섰다

농민이 장성 건설에 강제로 동원되었다

감독이 채찍을 들고 있다

일꾼들이 흙을 파서 옮기기 위해 삽, 곡괭이, 바구니, 일륜차 등 간단한 도구를 사용했다

비계(발판)는 대나무를 엮어 만들었다

만리장성은 중국의 용을 닮았다. 장성의 서쪽이 용의 머리, 동쪽이 꼬리에 해당한다.

찰흙으로 만든 병사의 머리를 복원했다. 장교만이 이런 머리 장식을 할 수 있었다.

관개 계획에 따라 새로운 농경지가 만들어졌다

땅을 다져서 길을 만들었다

쥐루

황하

진

분서(책을 불태움)

찰흙으로 만든 병사들을 함께 묻은 시황제의 무덤이 리산에 만들어졌다. 손과 머리를 마지막으로 조립한 찰흙 병사들의 모습은 모두 다르다.

뤄양

시안에서 우로 가는 도로

시안 (장안)

하이허 강

그늘을 만들려고 길을 따라 소나무를 심었다

모내기

양쯔 강

우

양쯔 강

윤멍

이링

중국인은 기원전 5000년경, 누에 고치에서 비단실을 얻는 방법을 발견했다

군대가 외적으로부터 나라를 지켰다

장사

관리들이 나라로 들어오는 외국 물건을 검사했다

0   100   200   300 km

양 모양으로 만든 청동 용기. 제사 때 음식을 담는 제기였다.

두 개의 큰 강을 연결하려고 운하를 파고 있다

링링

진흙 병사들의 군대

시황제는 죽은 후 자신의 육체를 보존하려고 특별한 무덤을 만들게 했다. 황제의 유해와 유품을 지키기 위해 수천 명의 일꾼이 7,500개 이상의 실물 크기 모형인 보병, 사수, 장교, 전차, 말, 마부 등을 만들었다. 도굴꾼이 무덤에 들어오면 석궁이 자동발사 되도록 고안되었다. 무덤에 궁전의 모형을 만들고, 수차로 수은이 흐르게 하는 긴 수로를 만들었다. 이 무덤은 1974년, 중국의 농부들이 우물을 파다가 발견했다.

시황제 무덤의 내부. 여러 겹으로 줄지어 선 기마와 병사들이 지하에서 황제를 지키고 있다. 모두 다른 표정을 짓고 있다.

삶과 죽음

내세의 삶을 믿었던 중국인들은 무덤에 제물을 함께 묻었다. 초기 지배자들의 무덤에는 음식과 술, 소유물뿐만 아니라 하인들까지도 함께 묻어서 영원히 주인을 섬기게 했다. 중국인들은 죽은 조상이 후손을 보살펴준다고 믿어 조상을 숭배했다.

금으로 연결한 비취 옷을 입고 무덤에 묻힌 중산왕의 왕비 토완. 중국인은 비취가 죽은 후에도 육체를 지켜준다고 믿었다.

49

북아메리카의 원주민들
North American Peoples

북 극 해

지금으로부터 2만 년경 전, 아시아 대륙과 아메리카 대륙은 육지로 연결되어 있었다. 그리고 한 무리의 사냥꾼들이 이 길을 통해 사냥감을 쫓아 아시아에서 아메리카로 건너갔다. 그들은 수렵과 채집을 하며 북아메리카 대륙에서 남아메리카 대륙까지 정착하여 아메리카 원주민이 되었다. 이 원주민은 산, 평야, 숲, 사막, 습지, 한대 지역에서 살아가는 방법을 익혔다. 일부는 농민이 되었지만, 많은 사람이 이곳의 풍부한 식량 자원에 의존하면서 수렵과 채집으로 살아가는 것에 만족했다. 초기의 탐험가들은 아메리카를 인도라고 잘못 알아 아메리카 원주민을 인디언(인도 사람)이라고 했다.

북부의 수렵민들은 여름에 순록 가죽으로 만든 천막에서 살았다. 여자들은 순록의 가죽을 장만하고, 남자들은 송곳이 달린 활 모양의 도구로 사슴뿔에 무늬를 새겼다.

어부들은 강과 급류에서 고기를 잡았다. 3m나 되는 창으로 연어를 잡기도 했다.

북쪽의 수렵민들

북극 지역에서는 에스키모라고 알려진 이누잇 족이 얼어붙은 땅과 바다에 적응하며 살았다. 그들의 가장 중요한 사냥감은 식량과 옷감이 되는 바다표범과 순록이었다. 겨울이 되면 식량을 구하기 위해 이동하면서 그들은 눈 덩어리로 돔처럼 지은 '이글루'에서 지냈다. 돌, 풀, 나무로 오두막을 짓거나 천막을 치고 살기도 했다.

오제테의 마카 족은 큰 카누를 타고 다니며 작살을 던져 고래를 잡았다. 한 마리를 잡으면 온 마을 사람들이 고기, 기름, 연장 만드는 뼈를 넉넉하게 쓸 수 있었다.

수렵꾼이 사냥하려고 순록으로 변장하고 살금살금 다가가고 있다

북

많은 부족이 들소 가죽으로 만든 천막에서 살았다

초원 지대의 원주민들

로키 산맥에서 미시시피 계곡에 이르는 넓은 초원 지대에 블랙푸트, 크로, 다코타라는 이름의 부족들이 퍼져 살았다. 사람들은 대부분 초원 지대 가장자리와 미시시피 강 유역에서 살면서 봄에는 농작물을 심고, 여름에는 과일을 채집하고, 가을에는 농작물을 거둬들였다. 그리고 일 년에 한두 번 들소를 사냥해서 고기는 겨울 식량으로 쓰고, 가죽으로는 옷과 천막을 만들었다.

도토리는 껍데기를 벗기고 말려서 가루로 빻았다. 이 가루를 물에 담가 떫은맛을 없애고 빵을 만들었다.

무덤 건축가

서기 200년경, 호프웰이라는 한 무리의 사람들이 오하이오 강 유역의 아데나를 차지했다. 그들은 땅을 큰 뱀 모양으로 파고 그 위에 높이 12m도 더 되는 무덤을 만들었다. 무덤 건축가라고 알려진 이들은 로키 산맥, 오대호, 멕시코 만, 북극 지역까지 가서 물건을 사 와 무역을 했고, 도기 제작에도 뛰어났다. 그런데 그들의 문화는 무슨 이유에서인지 서기 550년경 사라졌다.

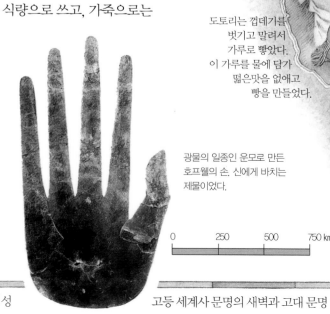

광물의 일종인 운모로 만든 호프웰의 손. 신에게 바치는 제물이었다.

푸에블로 족은 옥수수, 콩, 호박 등의 농작물에 물을 대려고 수로를 팠다.

0   250   500   750 km

미시시피 족
서기 700년쯤 출현한 미시시피 문화는 미시시피 강에서 이름이 비롯되었다. 미시시피 족은 옥수수를 재배하는 농경 부족이었지만 카호키아, 에토와, 스피로 등 큰 도시를 건설하기도 했다. 이 도시들에서는 흙으로 직육면체 모양의 언덕을 쌓고, 평평한 그 위에 목재와 짚으로 사원을 지었다. 우두머리나 귀족들의 집은 그보다 작은 언덕 위에 지었다.

카호키아 주변에서 발견된 도기 병. 아기에게 젖을 주는 어머니의 모습으로, 서기 1200년경에 만들어졌다.

남서부의 사람들
남서부의 덥고 건조한 지대에서 '호호캄' 과 '아나사지' 라는 문화가 발전했다. 스네이크타운을 중심으로 한 호호캄 문화 사람들은 안뜰이 둥근 흙 언덕을 만들었으며, 목화로 옷감을 짰다. 아나사지 문명 사람들은 서기 750년경, 햇볕에 말린 '아도베' 라는 진흙 벽돌로 집을 지었다. '푸에블로' 라고 불리는 많은 마을에 각각 '키바' 라는 지하 집회소가 있었는데, 종교적인 목적에 이용되었다.

메이사버드의 푸에블로는 절벽에 지어졌다

북부의 수렵민들은 겨울에 눈 덩어리를 돔 모양으로 쌓아 올려 만든 이글루에서 살았다

● 툴레

그 린 란 드

● 고드호프

● 올리아네호프

이누잇은 나무 뼈대에 바다표범 가죽을 입힌 카약이나 카누를 타고 바다코끼리를 사냥했다

베 핀 섬

허 드 슨 만

순록은 겨울이 되면 남쪽으로 이동했다

서기 1000년경, 레이프 에릭손(스칸디나비아의 항해가)이 그린란드의 식민지에서 이끌고 온 한 무리의 바이킹이 유럽인으로서는 처음으로 아메리카 대륙에 발을 디뎠다. 하지만 몇 차례 혹한의 겨울을 지내고 떠났다.

란소메도

리 카

카누를 탄 여자가 늦은 여름에 오대 호 주변에서 자란 야생 벼를 거둬들였다

오지브웨이 족은 나무 껍질이나 갈대로 돔 모양의 집을 지었다. 카누도 나무 뼈대에 나무 껍질을 입혀서 만들었다.

슈피리어 호

휴런 호

오대 호

온타리오 호

이리 호

북동부의 숲 지대에서는 남자들이 사슴과 새(야생 칠면조 포함)를 사냥하는 동안 여자들은 옥수수, 콩, 호박 등을 돌보았다. 그들은 막대기와 느릅나무껍질로 지은 긴 집에서 살았다.

들소 떼

그레이트플레인스 (대평원)

미주리 강

● 스피로

● 카호키아

호프웰 족은 뱀 모양의 큰 무덤을 만들었다. 길이가 400m나 되었다.

에토와 사람들은 몸에 그림을 그릴 물감을 만들었다.

● 에토와

한 가족이 개로 하여금 트래보이라는 운반 도구를 끌게 하고 들소를 찾아 초원 지대를 가로지르고 있다

미시시피 강

● 몬드빌

호프웰 족은 플로리다의 습지에서 주운 악어의 이를 사고팔았다

정령과 주술
아메리카 원주민들은 자연물에 정령이 깃들여 있다고 믿었다. 농민은 농작물을 기르는 정령을 믿었고, 수렵민은 야생 동물을 지키는 정령의 안내가 필요했다. 그래서 인간과 정령의 세계를 이어 주는 주술사가 정령과 교감하면서 병을 고치고 앞일을 점쳤다. 그들은 동물의 뿔과 모피, 새의 깃털로 꾸민 장신구를 쓰고, 몸에 성스러운 무늬를 그렸다. 그리고 마귀를 쫓는 부적, 몸에 칠할 화장품을 넣은 수달 가죽 가방을 가지고 다녔다.

멕시코 만

아메리카 대륙의 토종말은 선사 시대에 멸종했다. 에스파냐 사람들이 1500년대에 중앙아메리카로 데려온 말 일부가 도망쳐 대평원에서 살았다.

19세기에 블랙푸트 선 댄스 족의 주술사가 썼던 머리 장식

51

오스트레일리아의 원주민
The First Australians

남아시아의 유목민이 지금은 바닷속에 잠겨 버린
육지길을 따라 약 4만 년 전에 최초로 오스트레일리아에
도착했다. 처음에는 해안이나 강가의 기름진 땅에 정착하다가 차츰 열대 우림이나
산악, 사막에 적응하면서 대륙 전체로 퍼져 갔다. 이 원주민들은 훗날
'처음부터 산 사람'이라는 뜻의 '애버리진'(토착민)이라고 불렀다.
수레나 동물 없이 걸어다녔으며, 각 무리의 영역에는 자신들만의
작은 길이 있었는데, 대부분 '꿈의 시대'에
조상들이 낸 길이라고 생각했다.

오스트레일리아의 원주민들은 지금도 축제에서
조상들의 시대를 재현하는 특별한 춤을 춘다

인 도 양

아넘랜드

아넘랜드 사람들은
오두막을 짓고,
모기를 쫓으려고
집 아래에 불을
피웠다. '딩고'라는
개가 집을 지켰다.

북동부 해안 지대 사람들은
카누를 타고 거북을
잡았다. 바닷가에서는
거북의 알을 채집했다.

산 호 해

덫을 놓고 나무로 만든
피리를 불어 에무
(타조 비슷한 새)를
꾀어 잡았다

춤추는 사람들은 몸에
하얀색, 빨간색, 노란색 물감으로
동그라미나 선을 그렸다.
반주는 '디저리두'라는
관악기로 했다.

의식의 시작을 뜻하는 그림.
사람들은 땅에 그들만이 알아볼 수
있는 그림을 그리면서
'꿈의 시대'를
이야기했다.

오 스 트 레 일 리 아

사냥꾼들은 사냥감이 냄새를
못 맡도록 몸에 진흙을 바르고
부메랑이나 창으로 캥거루
등을 잡았다

'에어스록'이라는 이름으로
알려진 '울루루'는 세계에서
가장 큰 바위이다. 원주민들에게
는 항상 신성한 곳이었다.

남자들은 머리 강과 달링 강에서
그물로 고기를 잡았다.
그물과 덫으로 물새, 조개,
오리너구리도 잡았다.

남자는 우물을 파
물을 마시고 있고,
여자는 풀씨를 모아
돌로 빻고 있다

달링 강

라클런 강

여자들은 참마를
나뭇가지로 캐서
나무 그릇에 담아
움막으로 돌아갔다

남 극 해

머리 강

머리 강

질긴 실을
뽑으려고
나무껍질을
두들기고 있다.
이 실로 식량을
채집할 때 쓰는
주머니를 만들었고,
겨울에는 주머니쥐 가죽으로
망토를 만들어 입었다.

육지에 수로를 파고 물을
따라 헤엄쳐 오는 뱀장어를
잡았다

꿈의 시대

오스트레일리아의 원주민은 그 옛날,
최초의 영웅적인 조상들이 땅 위를
걸어 다니며 곳곳에 의미를 붙였다고
믿는다. '꿈의 시대'라고 불리는
이 시기의 조상들이 다녔던 길을
대지와 인간을 이어주는 것이라 믿어
매우 중요시했다. 조상들 중에는 동물
이나 식물, 태양, 바람, 비도 있었다.
원주민들은 지금도 자연과 조화를
이루며 살아가고 있다.

원주민이 그린 동굴의 벽화.
'꿈의 시대'의 영웅적인 조상들과
그들의 모험이 그려져 있다.

태즈메이니아

태 즈 먼 해

테즈메이니아 섬의 여자들은
바닷조개를 채집해 생활
필수품과 교환했다

풍요로운 대지

원주민들은 땅에 의지해 살았지만, 농경은
하지 않았다. 여자들은 나무열매, 식물의
뿌리와 씨, 애벌레, 도마뱀 등을 찾아다녔고,
남자들은 캥거루, 주머니쥐 같은 동물을
잡거나 강이나 해안에서 물고기와 오리를
잡았다. 그리고 나무를 이용해 은신처를
짓고, 배, 창, 방패, 그릇 등을 만들었다.

0   200   400   600 km

폴리네시아와 뉴질랜드
Polynesia and New Zealand

폴리네시아인은 뛰어난 항해가들이었다. 바람과 파도의 모습을 조사하고, 해와 별, 구름의 모양을 살피고, 바닷새들의 행동을 관찰해 광대한 태평양에 흩어져 있는 섬에 이르러 정착했다. 약 4천 년 전에 남동아시아의 섬들에서 이주해 온 이들은 통가와 사모아에 이르렀고, 그 뒤 마키저스 제도와 타히티에 정착했다. 일부 항해자들은 북쪽으로 항해하여 서기 100년경 하와이 제도에, 일부는 동쪽으로 항해하여 피트케언에, 서기 400년경에는 이스터 섬에 도착했다. 마지막 대항해는 서기 950년에 이루어졌다. 그리고 그들이 '아오테아로아' 라고 부른 오늘날의 뉴질랜드에 도착했다. 폴리네시아인들은 대부분 우두머리의 통치 하에 부족별로 공동체를 이루며 살았다.

항해

폴리네시아아인은 배를 타고 고기를 잡고 교역을 하고 긴 여행을 했다. 가장 일반적으로 사용된 배는 카누였다. 한 사람만 탈 수 있는 작은 카누도 있었고, 500여 명이 타고 2,500km 이상 항해할 수 있는 길이 30m 정도의 큰 카누도 있었다. 가까운 곳에 갈 때는 노를 사용했지만, 먼 곳에 갈 때는 바람을 이용한 돛을 사용했다.

코코야자나무의 섬유로 만든 밧줄

야자나무 잎으로 만든 돛

식품을 보관하는 곳

나무 줄기를 파서 만든 선체

하와이 제도

하와이 제도 사람들은 돌로 사원을 세우고 거기에 나뭇가지들로 엮은 신들의 상징물을 놓았다

하와이 섬 화산의 여신 펠레의 조각상. 오래 된 화산들이 줄을 지어 이루어진 하와이 제도에서 사는 폴리네시아인은 펠레가 바위를 녹여 산을 만들었다고 믿었다.

라인 제도

크리스마스 섬

춤을 출 때는 북을 두드리고 대나무 피리와 소라 껍데기를 불었다

태 평 양

투발루

사모아

통가

초기 폴리네시아인이 카누에 동물, 씨앗 등을 싣고 통가와 사모아에서 출발했다

코코야자나무 줄기는 집을 짓는 목재로 쓰고, 잎으로는 지붕을 덮고 바구니를 엮었다. 열매인 코코넛으로는 음식과 음료를 만들었다.

소시에테 제도

쿡 제도

타히티

폴리네시아인은 주로 해산물, 참마, 과일을 먹었다. 창과 그물, 때로는 손으로 물고기를 잡았다.

신들을 위한 제물로 돼지를 잡아 제단에 놓았다

마키저스 제도

훗날 폴리네시아인은 고구마, 참마, 타로토란, 바나나, 빵나무를 재배하고, 개, 돼지, 닭을 쳤다

피트케언

가까운 섬들에 오갈 때는 작은 카누를 사용했다

이스터 섬

결투를 위해 다가서는 마오리 전사. 고래 뼈로 만든 날카로운 곤봉과 비취 (녹색 돌) 곤봉을 썼다.

뉴질랜드

북 섬

남 섬

채팀 제도

마오리 족의 족장은 얼굴에 문신을 하고, 아마와 키위 깃털로 만든 망토를 입었다

가장 큰 섬

뉴질랜드는 폴리네시아인(마오리인)이 전에 살던 섬보다 훨씬 춥고 습했다. 그래서 고구마를 재배하고, 날지 못하는 새인 모아를 사냥했다. 농사, 고기잡이, 채집을 하며 살았던 마오리 족은 부족을 이루어 '랑가티라' 라는 족장의 다스림을 받았다. 그리고 죽은 조상의 혼을 숭배하고, 특정 인물이나 장소를 신성시 여겨 '타푸' 또는 '터부' 라고 했다.

마오리 족의 조상인 카푸키가 두 아들을 데리고 있는 조각상. 마오리 족은 나무 조각 솜씨가 뛰어났다.

이스터 섬 사람들은 서기 1100년 이후 높이가 10미터나 되는 거대한 돌 조각상을 세웠다

| 0 | 500 | 1000 | 1500 km |

중국－황금시대 *China-The Golden Age*

진시황제가 죽은 뒤 중국은 오랜 전쟁에 시달렸지만,
서기 626년, 당태종이 황금시대를 열었다.
비단길(실크로드)을 통해 각국의 상인들이 장안(당나라의 수도.
오늘날의 시안)에 모여들었다. 시장이 사람으로 붐볐고, 소금, 종이, 철 생산으로
일자리가 만들어졌다. 공예 등의 예술이 꽃피웠고,
종교 활동이 활발히 이루어졌다. 처음으로
평민이 관리가 되기도 했다.

화가들이 즐겨 그렸던 중국 남부의 언덕.

궁전 부인의 상. 당시 부유한 여자들이 어떤 옷을 입었는지 알 수 있다.

비단길(중국의 중요한 교역품인 비단에서 이름이 비롯되었다)을 걸어 서쪽으로 가는 낙타 대상

서기 751년, 이슬람의 군대가 탈라즈 강 전투에서 중국군을 쳐부수고 카슈가르 지역에 대한 지배권을 빼앗았다

항상 북쪽의 유목민을 경계해야 했다

상인들은 대상이라는 무리를 지어 이동했다. 비단길을 따라 낮에는 여행을 하고 밤에는 쉬었다.

서기 629년, 중국의 현장(삼장 법사)이 인도에서 불교 경전을 가지고 왔다

타슈켄트 / 쿠처 / 사마르칸트 / 허톈 / 비단길

0 100 200 300 400 km

인도로 가는 교역로

풍요로운 생활

부자들은 아름다운 비단옷을 입고,
사치스러운 술잔치를 벌였다. 기장과
쌀로 빚은 술과 함께 하인들이 준비해 온
돼지고기와 사슴고기를 물 위에 띄워
옮기며 먹고 마셨다. 한가할 때는 음악과
시를 즐기고, 장기와 골패 같은 놀이를
했다. 금, 은, 비취, 자기로 만든 사치품으로
집을 장식하고, 옻 세공품과 채색 견직물도
좋아했다.

위대한 발명

중국인은 뛰어난 발명가였다.
당나라 이전에 이미 종이를 만들었고,
그 뒤 목판 인쇄술을 개발했다. 그리고
지진을 조사하는 장치를 설계했다.
당나라 때는 세계에서 최초로
나침반, 종이로 만든 골패,
자기를 발명했다.

서기 868년에 인쇄된 금강경(금강 반야 바라밀경)
세계에서 가장 오래 된 목판 인쇄물의 일부이다.

수도 장안

당의 수도 장안('영원히 평안한 곳'
이라는 뜻)은 세계에서 가장 큰
도시가 되었다. 백만 명 이상이
살았고, 외국의 상인, 학자,
여행자도 있었다.

도시 북부에 있었던 황제의 궁전 주위는 높은 벽으로 둘러쌌다.

병사는 대부분 징병된 농민이었다

악사와 무희들이 길모퉁이에서 악기를 연주하고 춤을 추었다

건물은 옻칠을 한 목재로 짓고 기와를 얹었다

관리가 되기 위해서는 '과거'를 봐야 했다. 측천무후는 이 시험에 시 짓기를 포함시켰다.

농부들이 거리에서 농작물과 축산물을 팔았다.

사람들은 염색한 긴 비단옷을 입었다. 오직 황제만이 노란색 옷을 입었다.

고귀한 신분의 사람들은 가마를 타고 다녔다

중국인은 화약을 발명하여 화려한 폭죽을 만들었다

당시 가장 유명했던 시인인 이백(이태백)이 황제를 위해 시를 지으려고 수도에 왔다

측천무후는 병약한 남편이 죽자 권력을 쥐어 여든세 살까지 중국을 지배했다. 냉혹하고 잔인했지만 시를 사랑하고, 공예 등의 예술을 장려했다.

학문의 길

중국인들은 산, 강, 바람, 나무 등 자연을 통해 신령적인 세계를 숭배했다. 그리고 중국에는 노자와 장자의 가르침인 도교와 공자의 가르침인 유교가 있었다. 도교는 자연과 조화를 이루며 사는 것을 중요시하고, 유교는 선(착함), 가족, 사회의 안정을 중요시했다. 그러다가 1세기에 인도에서 불교가 들어와 대중화되었다.

도교의 가르침에 따르는 사람들이 '음'과 '양' 의 의미를 연구하고 있다. 이들은 세계에는 음과 양이라는 두 거대한 힘이 작용하고 있어 두 힘의 완전한 균형과 조화가 필요하다고 믿었다.

순례의 중심지였던 둔황의 천불동. (암벽을 파고 그 안에 불상 등을 조각한 절) 천여 곳의 동굴에 일상생활을 그린 벽화, 불상, 큰 도서실 등이 있었다.

상인이 북부에서 모피를 가져왔다.

중국인들은 지하에서 염분 있는 물을 퍼 올려 대나무 관을 통해 냄비로 보냈다. 그리고 불을 때서 물을 증발시켜 소금을 얻었다.

서 해

둔황

당

기장 씨앗을 뿌리려고 밭을 갈고 있다

비단길

외국의 대상들이 7,000km가 넘는 비단길을 낙타와 말을 타고 와 비단, 자기, 종이, 차, 소금을 사 갔다. 이 교역로는 중앙아시아, 페르시아, 시리아 등 지중해 연안의 여러 나라와 중국을 연결시켰다. 중국인들은 말, 모피, 금, 향신료 등을 이웃 나라들에서 사들였다.

청다오

일본으로 가는 교역로

뤼양

대운하

시안 (장안)

항저우

스님이 처음으로 히말라야에서 차나무를 들여왔다

중국인은 서기 100년경, 세계에서 처음으로 종이를 만들었다. 뽕나무 펄프를 목재 틀에 담아 건조시키면 종이가 되었다.

중국에서는 서예가 매우 인기 있었다.

부유한 사람들은 이삼 층의 화려한 집에서 살았다

광저우

시장 강

중국인은 사람의 몸속에 에너지(기)가 흐른다고 믿었다. 그래서 특별한 곳에 침을 놓아 기의 흐름을 바로잡아 환자를 치료했다. 이러한 의술을 침술이라고 한다.

중국인은 인쇄술을 발명했다. 여러 장의 종이를 이어 붙여 긴 두루마리 책을 만들었다.

도예가들은 빛깔 있는 유약을 발라 작품을 장식했다

차오저

보석과 향신료가 아시아 남동부에서 해로로 들어왔다

일본–무사의 등장 *Japan-Rise of the Samurai*

일본 초기의 왕들은 절대 권력을 가지고 나라를 통치했다. 그러다 헤이안 시대 (서기 794~1,185년)에 왕들이 귀족들에게 땅을 나누어 주면서 귀족들의 세력이 커졌다. 서기 858년에는 후지와라 가문이 정권을 쥐었고, 1192년에는 미나모토 가문이 정권을 빼앗았다. 왕은 미나모토 요리토모를 최초의 쇼군(군인 절대 권력자)으로 임명했다. 쇼군 시대에는 무사(사무라이) 계층이 큰 세력을 얻어 이후 7백 년 동안 쇼군과 무사가 일본을 지배했다.

일본 문화의 개화

일본은 6세기에 중국으로부터 학문과 사상을 받아들이고, 예술과 건축에서 영향을 받았다. '신도'가 국교였지만, 청동 불상이 등장했다. 지붕에 기와를 얹은 중국식 집을 지었고, 한자를 바탕으로 그들만의 문자인 가나를 만들었다.

마법으로 곰을 쫓아버리기 위한 춤을 추는 일본의 원주민 아이누

홋카이도

태 평 양

고래를 사냥해 중요한 식량으로 삼았다

8세기에 왕이 명령을 내려 해마다 봄에 벚꽃이 피는 것을 기념했다

헤이안 시대에 만들어진 부동명왕의 목상

동 해

아키타

기원전 300년, 야요이 문화 시대부터 쌀은 일본의 중요한 곡물이었다. 곡물을 수확하면 땅에서 조금 띄워 지은 창고에 저장했다.

일 본

혼 슈

후지산은 일본의 신성한 산이다.

무사도

일본의 무사 '사무라이'는 혼란기인 10세기와 11세기에 세력을 떨쳤다. 그들은 영주인 '다이묘'의 영지를 지키고, 명예와 엄격한 규율을 중요시하는 '무사도'를 지켰다. 전투에서 용감히 싸웠고, 패배를 받아들이기보다는 죽음을 택했다.

중국에서 사절, 공예가, 스님 등이 일본에 왔다

여류 작가 무라사키 시키부가 1007년에 장편소설 '겐지 이야기'를 지었다. 60만 단어 이상으로 이루어진 이 작품은 세계 최초의 소설 가운데 하나이다.

태양의 여신에게 바쳐진 신사 가운데 하나인 이즈미

이즈모

헤이안쿄 (교토)

나라

가마쿠라

미나모토 요리토모는 겐페이 전투 때(1180~1185) 다이라 가문과 싸웠다. 그는 1192년에 왕의 군사 문제 책임자인 쇼군이 되었다.

시코쿠

규 슈

일본의 첫 수도였던 나라에는 607년에 세운 호류 사가 있다

사쓰마

가벼운 나무로 집을 지었다. 그래서 잦은 지진 때문에 집이 무너져도 쉽게 다시 지을 수 있었다.

태평양 연안에서 바닷속의 진주를 찾고 있다

태 평 양

새 수도

794년, 일본은 수도를 나라에서 헤이안쿄(뒷날의 교토)로 옮겼다. 새로운 수도는 매우 아름다웠다. 궁전에 드나드는 벼슬아치들은 사치스러운 옷을 입고, 정원을 산책하고, 아름다운 물건들을 수집하고, 글을 짓고, 궁전과 사원의 행사에 참가하는 것으로 세월을 보냈다.

초기의 무사

초기 무사의 주요 무기였던 활과 화살

싸울 때는 투구를 썼다

질긴 가죽을 가늘고 길게 잘라 만든 갑옷

가장 좋은 말은 일본 북부의 산악지방 말이었다

질이 좋은 철로 칼을 만들었다

0   100   200   300 km

크메르 왕국 *Kingdom of the Khmers*

크메르인들은 사원 도시 국가인 앙코르를 중심으로 600년 이상 번영을 누리다가 자야바르만 2세가 통치하던 802~850년에 처음으로 힘을 길렀다. 그 후 크메르 왕국(오늘날의 캄보디아 지역)은 오랫동안 인도와 교역하며 힌두교를 받아들이고, 건축 등에서 인도 문화의 요소를 수용했다. 자야바르만은 지배권을 장악하자 자신을 힌두교의 신인 시바에 의해 신격화된 신왕(신이며 왕)이라고 선언하고 국민들에게 충성을 서약했다. 이후 왕들은 왕궁과 신들을 위한 사원을 짓는 대대적인 건축 사업을 일으켰다. 크메르인들은 일생을 거의 신왕을 섬기는 데 바쳤다. 토목 기술자들이 정밀한 관개 시설을 만들어 곡물 수확량이 대폭 늘었다. 그래서 사원을 겸한 거대한 왕궁이나 그 주변에서 살아가는 성직자, 벼슬아치, 공예가들이 배불리 먹을 수 있었다.

자야바르만 7세(1181~1218)의 남아 있는 네 얼굴상 가운데 하나. 시암인의 침입을 무찌르고 앙코르의 거리를 재건했던 그는 힌두교를 믿었던 다른 왕들과 달리 불교를 믿었다.

1431년, 시암인들의 침입에 의해 크메르 왕국은 멸망하고, 크메르인은 남부의 프놈펜으로 물러갔다

왕은 하루에 두 번씩 황금으로 만든 창에 나타나 나랏일을 돌보고 사람들의 호소를 들었다

코끼리로 무거운 물건을 운반하고 사냥도 했다.

해마다 톤레사프 호의 물이 범람해 사람들이 양동이 가득 물고기를 퍼 올렸다. 많은 가족이 호숫가에 기둥을 세우고 풀로 지은 수상 가옥에서 살았다.

앙코르와트의 벽에는 신들을 위한 '압사라스'라는 무희가 조각되었다

12세기까지는 불교가 널리 퍼지지 않았다

인드라바르만 1세는 논에 물을 대기 위해 저수지망을 만들었다

1177년, 시암인이 배를 타고 메콩 강을 거슬러 앙코르를 급습했다. 그러나 그 뒤 자야바르만 7세에 의해 쫓겨났다.

1296년에 중국의 사절 초우 타쿠안이 배를 타고 앙코르를 찾아 견문록을 남겼다

공작과 물총새의 깃털은 빛깔이 화려해서 높이 평가되었다

학자들은 야자나무 잎에 글을 썼다

중요한 물

5월부터 10월까지의 우기에는 메콩 강이 범람해 강 유역에 진흙이 퇴적되었다. 물이 빠지면서 기름지게 된 논에는 쌀을 재배했다. 그리고 빗물을 저수지와 운하에 저장하여 건기에 농지에 댔다. 날씨가 매우 더워 하루에도 몇 번씩 목욕해야 했다. 고고학자들은 왕궁의 유적에서 여러 개의 욕조 흔적을 발견했다.

코브라를 닮은 힌두교 신화의 뱀 '나가'. 생명을 주는 물의 정령이었다.

앙코르와트

1113년에 수랴바르만 2세가 세운 앙코르와트('사원 도시'라는 뜻)는 왕궁이자 사원이었다. 신왕이 죽은 후 신과 다시 결합하기까지 묻히는 곳으로, 돌과 벽돌로 짓고 힌두교 신들에 관한 신화, 크메르인들의 전투, 화려한 왕의 행렬 등을 나타낸 부조로 장식했다. 사원 주위는 거대한 해자(성 주위에 둘러 판 못)로 둘러쌌고, 사원으로 가는 길에는 머리가 일곱인 나가의 상들을 나란히 세웠다.

프랑스의 과학자 앙리 무오가 1861년에 앙코르와트를 발견했다. 그러나 그 전에도 정글 속에서 '잃어버린 도시'를 보았다는 사람들이 있었다.

마야–돌로 이루어진 도시 *Maya-Cities of Stone*

돌로 이루어진 도시들의 잔해가 중앙아메리카의 열대림 속에서 드러났다.
서기 250~900년에 활동한 '마야 족'의 고향 티칼, 팔렝케, 코판이었다.
몇몇 왕국으로 나누어진 마야 지역은 신격화된 왕이 각 왕국을 다스렸다.
왕은 정교한 조각과 그림으로 장식한 기념 건축물들을 도시에 세웠다. 각 왕국에는 읍과 마을, 주변의
농촌을 지배하는 수도가 있었다. 농민은 옥수수, 콩, 호박 등을 재배하고, 사냥꾼들은 토끼, 이구아나,
사슴을 잡았다. 천문학과 수학에 매우 뛰어났던 마야인은 달력과 계산법을 발전시키고 그림문자를
만들었다. 이 문자에 의한 기록이 있어서 마야의 역사를 알 수 있다.

마야의 도시들

도시 중앙에는 광장이 있고, 그 둘레에는 고층 건물, 꼭대기에
신전이 있는 피라미드, 경기장 등이 있었다. 건축가들은 연장을
만들 금속이 없어서 이 지역의 화산에서
가져온 단단한 흑요암으로 석회암을
잘랐다. 그리고 그 지역에서 나는
붉은 염료로 건축물을
장식했다.

팔렝케에 있는 궁전의 일부

구기

올멕 족(마야 족의 조상)은
각 도시에 구기장을 만들었다.
선수들은 몸을 보호하는 옷을 입고
팔뚝, 팔꿈치, 엉덩이로 단단한 고무공을
치며 시합했다. 구기장 양쪽 벽에 달아 놓은
고리에 공을 넣으면 점수를 얻었다. 이것은 단순한
스포츠가 아니라 종교 행사였다. 경기가 끝나면
일부 선수들이 제물로 바쳐지기도 했다.

치첸이차는 서기 900~1200년에
건설된 마야 후기 도시이다.
앞 건물은 천문대이다.

농민은 숲의
일부를 불태워
농지를 개간했다

해안 지대 사람들은 건기가
끝날 때쯤 바다에서 소금을
모아 거래했다

여자들은
베틀을 가지고 다니며
무명베를 짰다

유카탄 반도

올멕 족의 옛 수도 라벤타
근처에서 발견된 조각상.
올멕 족(기원전 1200~400)은
지배자들의 머리를 거대한
돌로 조각했다.

마야

여자가 혀에 구멍을 뚫고
가시가 달린 끈을 통과
시키고 있다. 이때 나오는
피는 신들에게 바치는
귀중한 제물이었다.

재규어는 힘의
상징이었다

남자만 구기를
할 수 있었다

소라 등의 바닷조개는 귀중하게
여겨져서 값이 매우 비쌌다

코판에 있는 새닫깃 피라미드에서
마야의 귀중한 유물이 없는
장소가 발견되었다

악스칠란의 신전에서 발견된 돌 조각.
마야의 그림문자가 새겨져 있다.
이 문자를 보고 여러 지배자의
연대를 해독할 수 있다.

달력

천문학이 뛰어났던 마야인은
천체를 관찰하여 매우 정확한
태양력을 만들었다. 이 태양력은
1년 365일, 한 달 20일의 열여덟
달로 이루어졌는데, 해마다 연말에
불길한 날 5일을 더했다. 260일로
이루어진 제사력도 있었다. 오직
성직자들만이 이 달력을 알 수 있어
서 사람들은 중요한 행사가 있으면
그들에게 가서 상담했다.

250~1500년의 중앙아메리카

멕시코 | 멕시코 만

테오티와칸
테노치티틀란 · 텍스코코

첸이트사

유카탄 반도

팔렝케

코판

중앙 아메리카

태평양

■ 마야의 영토
■ 아스텍 제국

0 50 100 150 km

아스텍–태양의 전사들 *Aztecs-Warriors of the Sun*

13세기에 멕시코의 계곡에 정착한 아스텍 족은 중앙아메리카
대부분을 차지할 때까지 이웃 부족들과 끝없이 싸웠다.
그들은 그곳에서 먼저 살았던 마야 족과
톨텍 족처럼 거대한 도시를 세웠다. 오늘날 멕시코시티가 있는
텍스코코 호의 섬에 있었던 수도 테노치티틀란은 그들 자신이 '멕시카'라고 부른
20만 아스텍인들의 중심지였다. 시의 성벽 안에는 궁전, 피라미드, 신전이 있었다.
신전에서는 성직자들이 신들을 위해 사람을 제물로 바쳤다.
아스텍 족은 자신들이 신들을
달래지 않으면 세상이 끝날
것이라고 믿었다.

산 제물을 바칠 때 쓰는 칼.
손잡이에는 값비싼 터키옥과
조개껍데기가 박혀 있다.

아스텍의 전사들

군사권을 쥔 황제가 지배한 아스텍에서
는 남자가 모두 전사로써 훈련받았다.
열 살이 되면 머리카락 한 다발을
등 뒤로 내려뜨리고 나머지는 깎았는데,
그가 처음으로 포로를 잡아 오면
그 머리카락 다발을 잘랐다. 최고의
전사는 재규어 가죽을 입은 재규어
전사와 독수리 모양의 투구를 쓴
독수리 전사였다.

산 제물을 바치는 것은 아스텍 족
종교 생활의 중요한 일부였다.
사람의 심장은 태양의
신에게 바쳤다.

케찰코아틀은 톨텍 족의
신이었지만, 아스텍 족도
그 신을 믿었다.

무역과 보물

아스텍 족은 정복한 도시들에서 천, 옥수수, 사치품 등을
거둬들였다. '포시테카'라고 불리는 상인들은 전 제국을
돌아다니며 터키옥, 비취, 자수정, 호박, 금, 은, 주석을
가져왔다. 그리고 케찰, 앵무새 등의 밝은 색 깃털도
가져와 망토와 머리 장식품을 만들었다. 서기들은 정복한
도시들에서 가져온 보물의 자세한 목록을
만들었다.

에르난 코르테스가 이끈
에스파냐인들이 1519년,
셈포알라에 상륙했다

몬테수마 황제가 가마를 타고
가고 있다. 시민들은 그를 쳐다
보는 것조차 허락되지 않았다.

아스텍 제국

습지를 개간한 '치남파'라는
농지에서 농작물을 재배했다.

아스텍인은 대단한 의식을
치렀다. 남자 네 명이
밧줄에 발목을 묶고 기둥
꼭대기에 매달린 가운데
빙빙 돌았다.

초콜릿을 만드는 데
썼던 카카오 열매는
매우 귀해서 '돈'으로
사용되었다.

주요 농작물은
옥수수였는데,
땅바닥에서 띄워
지은 창고에 저장했다

서기들은 나무껍질에 기호들을
그렸는데, 이것들을 접으면 '코덱스'
라는 책이 되었다. 위에는 공물의
목록이 그려져 있다.

아스텍에는 바퀴 달린
수레나 힘센 동물이 없어서
무역 상품 대부분을
짐꾼들이 운반했다

중앙아메리카로
가는 교역로

전사들은 재규어나 독수리
모습을 하고 싸웠다. 창이 빠르게
날아가도록 일종의 투석기를 달았다.

발사스 강

태 평 양

멕 시 코 만

0   25   50   75 km

테노치티틀란의 의식용 광장

틀랄록의 신전

위칠로포치틀리의 신전

케찰코아틀 신에게 바친 원형 신전

태양의 신전

구기장

높이가 60m나 되는 신전

건조물은 돌로 짓고, 대개 밝은 색을 칠했다

신들에게 예배를 드리러 성역에 들어가기 전에 모두 신발을 벗었다

왕궁. 성직자와 사제도 여기에 거주했다.

호수에 떠 있는 도시

텍스코코 호의 섬에 세워진 테노치티틀란은 둑길과 도로로
육지와 연결되어 있었다. 도시 한가운데에는 큰 신전이
지배하는 의식용 광장이 있었고, 그 신전 꼭대기에는 작은
신전이 둘 있었다. 하나는 비의 신 틀랄록을 위한 것이고,
다른 하나는 태양과 전쟁의 신 위칠로포치틀리를 위한
것이었다. 아스텍 제국은 1519년에 침입한 에스파냐의
정복자들에 의해 멸망했다.

안데스의 높은 곳에 있던 마추픽추는 중요한 요새 도시였다. 이 도시는 에스파냐인 정복자들의 눈을 피해 1911년까지 발견되지 않았다.

잉카-안데스의 지배자 *Incas-Lords of the Andes*

1200년경, 안데스의 조그만 부족이었던 잉카인들은 '잉카'라고 불리는 한 명의 지배자가 통치하는 조직화된 사회로 발전했다. 수도 쿠스코에 있는 '잉카'는 태양신의 아들로서 신처럼 받들어졌다. '잉카' 파차쿠티 왕은 1438년, 정복 활동을 시작해 몇 년 안에 오늘날의 에콰도르, 페루, 볼리비아, 칠레까지 남아메리카 대륙 태평양 연안 연간 3,500km에 이르는 거대한 제국을 세웠다.

지배자 잉카

지배자 잉카는 태양신 인티의 자손이라고 여겨졌고, 태양신이 그에게 절대 권력을 주었다고 믿어졌다. 제8대 잉카인 비라코차는 '사파 잉카(가장 높은 잉카)', 즉 황제라는 칭호를 썼다. 황제는 특별한 옷을 입고, 금귀고리를 걸었다. 태양신의 혈통을 지키기 위해 황제는 누이와 결혼했다. 황제는 여러 아내를 거느렸지만, 오직 코야에게서 낳은 아들만이 다음 황제가 될 수 있었다.

천을 수도로 한 태무 문화의 사람들이 금과 타기오로 만든 칼. 화려한 옷차림의 남자 모습이다.

수도 쿠스코

퓨마를 닮은 수도 쿠스코는 작은 마을에서 큰 도시로 성장했다.

도시의 중앙에는 와카이파타라는 신성한 아주 광장이 있어 이곳에서 중요한 의식들을 거행했다. 그리고 왕궁과 꽝장한 신전들이 있었다. 태양신을 모시는 신전의 정원에는 금과 으으로 만든 실물 크기의 라마와 새, 옥수수들이 있었다.

쿠스코에 있는 요새 한가의 틈도 없이 돌을 쌓아 올렸는데, 지진 때문에 현재의 위치에서 조금 뒤로 물러나 있다.

잉카 제국

안데스

마란욘 강

잉카의 주요

태평양

여자들은 옥수수로 치차라는 독한 술을 만들었다. 음료를 만들고, 그 음료를 씹어 따뜻한 물에 뱉고, 그 물을 재료에서 항아리에 침전했다고 생각했다.

신하가 신들에게 재물로 바치려 깊은 래를 준비하고 있다.

젊은 여자들이 뿔에 태양신의 수녀원에서 탐보로 천을 짜서 황제의 옷을 지었다.

대부분 사람들이 잉카 제국에 참여하고 행지만, 잉카의 왕사 유목민가 치무의 옝제를 굴복하여 국민을 구했다.

에스파냐의 프란시스코 피사로가 군사 152명을 이끌고 1532년에 도착했다. 그 군대가 몇 년 안에 강대한 잉카 제국을 멸망시켰다.

죽은 태양의 날 11월의 대변 죽은 황제들의 미라를 행렬으로 나르는 왼 사람들의 종교 행렬이 있었다.

도로 건설

잉카인들은 제국 전체로 통하는 도로망을 건설했다. 강에는 돌다리를 놓고, 큰 계곡에는 식물의 덩굴을 꼰 줄로 다리를 놓았다. 도로를 따라 '탐보'라는 휴게소를 지었는데, 각 탐보에 주재(당)하는 사람들은 두 사람씩 대기서서 쿠스코에 재빨리 소식을 전하게 했다. 주자 한 팀이 하루에 240km를 달릴 수 있었다.

잉카인들은 산속의 깊은 계곡을 건너기 위해 줄로 다리를 놓았다. 그 일부는 지금도 남아 있다.

아버지인 태양과 어머니인 달

잉카인들은 아버지인 태양신, 우레의 신, 땅의 신 등을 섬겼다. 그중 최고의 신은 태양이었다. 가장 중요한 신전 역시 쿠스코에 있는 태양의 신전 코리칸차였다. 잉카인들은 신들을 섬기지 않으면 병이 든다고 믿었다. 잉카인들은 흉년이 든다고 믿었다. 그래서 의식을 거행할 때마다 신들에게 기도와 공물을 했다.

강대를 묶어서 만든 발사식 다리. 작은 배를 타고 호숫가에서 물고기를 잡고 있다

잉카의 음악가들은 피리, 팬파이프, 북, 탬버린, 방울 나팔 등을 연주했다

아부들이 잡은 싱싱한 물고기를 주자들이 릴레이로 쿠스코에 있는 황제에게 가져갔다

0 100 200 300 400 km

잉카의 사회

태양이 다음 여름에도 하늘에 뜨기를 기원하는 태양의 축제를 재현하는 모습

잉카의 사회는 매우 조직적이었다. 모든 사람이 집을 제공받았고, 요람에서 무덤까지 보살핌을 받았다. 고아, 병자, 노인, 장애자에게는 왕궁의 창고에서 먹을 것과 입을 것을 주었다. 그 대가로 모두 열심히 일해야 했다. 사람들의 계층, 나이, 능력에 따라 알맞은 일이 주어졌다.

매듭 문자

잉카인은 문자가 없어서 '키푸'라는 기호법으로 기록을 했다. 키푸는 끈의 종류와 매듭, 빛깔의 배열로 뜻을 나타내는 매듭 문자이다. 가로지른 하나의 긴 끈에 한 개 내지 세 개의 매듭이 있는 갖가지 빛깔의 끈을 달아 늘어뜨려, 그 매듭의 수와 위치로 식물을 기록했다. 키푸를 만들고 읽을 수 있는 사람은 '키푸카마요'라는 관리밖에 없었다.

일년의 농사

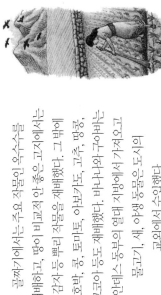

금작기에서는 주요 작물인 옥수수를 재배하고, 땅이 비교적 안 좋은 고지에서는 감자 드 뿌리 작물을 재배했다. 그 밖에 호박, 콩, 토마토, 아보카도, 고추, 땅콩, 코코아 등도 재배했다. 바나나와 구아바는 안데스 동부의 열대 지방에서 가져오고 물고기, 새, 야생 동물은 도시의 교외에서 수렵했다.

8~9월
남자가 쟁기로 논밭을 갈면 여자는 씨앗을 뿌렸다. 그리고 태양에 풍작을 빌었다.

10월~11월
옥수수 싹이 타서 자랐다. 여자들이 수로를 트고 잡초를 치웠다.

6월~7월
옥수수를 따서 바구니에 담아 겨울 식물으로 저장했다. 어린아이도 옥수수 수확을 도왔다.

4~5월
주요 작물인 감자를 캐어 저장했다. 수확이 끝나면 수로를 청소하고 수리했다.

12월~1월
어린 작물이 튼튼하게 자라도록 괭이로 김을 맸다.

2월~3월
익어 가는 옥수수를 지키려고 독을 써서 새들을 쫓았다. 조생 감자와 뿌리 채소를 수확했다.

61

연표 Time Chart

이 책에 등장한 중요한 사건, 전투, 인물, 발명 등을 요약했다. 연대순으로 작성하여 다른 문명의 발생과 소멸을 쉽게 볼 수 있고, 같은 시대에 다른 지역에서 무슨 일이 있었는지 알 수 있다.

인더스 계곡의 모헨조다로에 있는 큰 목욕탕

기원전 2500년경 인도와 파키스탄에서 인더스 문명 일어남
기원전 2500년경 메소포타미아인 도량형 통일
기원전 2500년경 중앙아시아 사람들이 말을 길들임
기원전 2500~2000년경 바퀴 족 무덤
기원전 2350년경 사르곤이 아카드 통일과 수메르 정복
기원전 2333년 고조선 건국
기원전 2300년경 바빌로네서 점토판에 그린 가장 오래 된 정보지도 만듦
기원전 2300년경 멕시코와 과테말라에서 토기 사용
기원전 2133~1633년 이집트 중왕국 시대

아카드의 사르곤

기원전 3250년경 수메르에서 쐐기문자 발전
기원전 3200년경 수메르에서 농사 심화화
기원전 3200년경 수메르에서 바퀴가 발명되어 도기 제작용 수레, 전차에 이용
기원전 2900년경 유럽의 모든 곳에 거석 무덤 마침
기원전 2750년경 수메르의 우르에서 왕릉 무덤 만듦
기원전 2686~2181년 이집트 고왕국 시대
기원전 2650년경 이집트에서 사카라에 계단식 피라미드 세움

기원전 2100년경 수메르에서 우르에 거대한 지구라트(신전)의 탑 세움
기원전 2000년경 아나톨리아에서 온 이주민이 태양신을 엘라미나시아의 섬에 정착

황소를 뛰어 넘는 크레타의 여자

기원전 2000~1450년경 미노스인이 크레타 섬에 크노소스, 파이스토스, 말리아 등 거대한 왕궁 건설
기원전 2000년경 아나톨리아에 히타이트 왕국 세움
기원전 2000년경 수메르에서 이기드 멸망
기원전 2000년경 스웨덴의 바위에 스키가 조각됨
기원전 2000년경 이집트에서 해시계 사용
기원전 2000년경 머리 숙이 수레도 동이

쐐기문자를 쓰는 수메르인

청동기

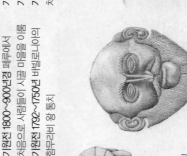

기원전 1700년 가나안 사람들이 알파벳 27자로 새로운 필기법 사용
기원전 1650년 아나톨리아에 히타이트 왕국 세움
기원전 1650년경 그리스에서 도시 국가 미케네 건설 끝
기원전 1600년경 영국에서 스톤헨지 건설 끝
기원전 1595년경 카시트의 바빌로니아 점령
기원전 1567~1085년 이집트 신왕국 시대
기원전 1500~1028년경 중국의 은 왕조 시대
기원전 1500년경 이집트 무덤을 만든 사람들이 마을이 디엘레이나가 세워짐
기원전 1500년경 한국에서 농사 시작
기원전 1500년경 오늘날의 나이지리아에서 소와 염소를 길들임
기원전 500년경 중국에서 처음으로 녹 문화가 일어남
기원전 500년경 유럽에서 켈트인
기원전 500년경 유럽에서 켈트인 철 문화 일어남
기원전 500년경 사이프러스에서 처음으로 구리 제련
기원전 490년경 다뷔 오스트리아 비 페르시아 장군이 그리스를 침략함

자신의 법전을 기록하는 바빌로니아의 함무라비 왕

기원전 1800~900년경 페루에서 처음으로 사람들이 시골 마을을 이룸
기원전 1814~1754년 바빌로니아의 함무라비 왕 통치

가나안의 도시 우가리트

기원전 1500년경 인도스 문명 무너짐
기원전 1500년경 볼리비아와 아이에서 조성이 라메타인이 인도시아에서 부어로 떠남
기원전 1500년경~기기 1200년경 멕시코 올메카 문화 시대

영국의 스톤헨지

미케네인의 데스마스크(석고로 본뜬 따서 만든 죽은 사람의 얼굴)

기원전 1340년 이집트 신왕국의 파라오 투탕카멘이 왕가의 계곡에 묻힘
기원전 1250년경 미케네와 트로이 사이에 전설적인 트로이 전쟁이 일어나
기원전 1200년경 켈트 족이 문화를 발전시킴
기원전 1200년경 헤브루인이 이집트에서 가나안 땅으로 돌아감

이집트 신왕국의 파라오

기원전 524~404년 페르시아가 이집트를 정복하여 지배
기원전 500년경 이프리카 북동부에서 나페타 왕이 다스리는 메로에 왕국이 강해짐

날개 달린 아시리아의 황소

기원전 753년경 로마 건설
기원전 750년경 이집트 오스트리아
휴쿠타트 주에서서 켈트 문화 발전
기원전 814년경 페니키아인이 북아프리카에 카르타고 세움
기원전 705년경 아시리아의 왕 세나케리브, 니네베를 수도로 삼음

고대 페르시아의 수도 페르세폴리스에 있는 궁전

기원전 671년 아시리아가 이집트를 정복
기원전 612~539년경 바빌로니아의 황제가 시아시아를 지배
기원전 600년경 북아프리카의 이태나인이 농경과 문명 시작
기원전 563~483년경 부처 고마 시다르타의 생애
기원전 551~479년 공자의 생애

황금을 구워서 만드는 은 인의 두상

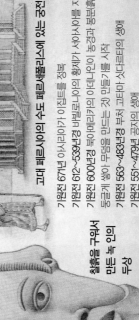

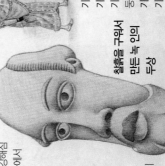

페니키아의 상인들

바닷사람들

기원전 1200년경 바닷사람들 이 동지중해에 침략
기원전 1200년경~1000년경 페니키아인이 힘이 커짐
기원전 1150년경 미케네 문명이 무너져 그리스에서 암흑시대가 시작됨

시바의 여왕, 솔로몬 왕 방문

기원전 922년경 솔로몬 왕의 죽은 뒤 이스라엘 왕국이 이스라엘 왕국과 유다 왕국으로 쪼개짐
기원전 911~612년경 아시리아의 신시대 시대
기원전 900년경 페루에서 차빈 문화 일어남
기원전 900년경 이탈리아 북부에서 에트루리아 문명 일어남

기원전 1028년경 중국에서 은 왕조를 무너뜨리고 주 왕조가 일어남
기원전 1020년경 이스라엘 왕국 세움
기원전 1000년경 페니키아인이 오늘날 알파벳의 바탕이 되는 단순한 알파벳 발명
기원전 1000년경 인도네시아인이 온 이주민이 중앙유럽에서 철 사용
기원전 1000년경 에게 해 연안과 중앙유럽에서 철 사용
기원전 1000년경 라페타인이 통가와 사모아에 정착

기원전 73년 노예 검투사 스파르타쿠스가 이끈 노예들이 로마에 대해 반란을 일으킴
기원전 57년 신라 건국
기원전 44년 율리우스 카이사르를 리아스 시대가 중심 정점으로 암살하여 이 해로 암살됨
기원전 37년 고구려 건국
기원전 37~4년경 해롯 대왕이 유다 왕국을 지배
기원전 31년 이집트 여왕 클레오파트라, 악티움 해전에서 로마에 패함
기원전 30년 클레오파트라 미누스 안토니우스가 자살하여 로마가 이집트를 지배
기원전 27년 옥타비아누스, 로마의 첫 황제가 되어 '아우구스투스' 칭호를 받음
기원전 18년 백제 건국
기원전 5년경 일본에서 벼 재배 시작
기원전 4년경~서기 29년 유대땅 예수 그리스도의 삶

로마의 군인들

서기 1년 바스켓메이커 족이 북아메리카 남서부에서 농사를 짓기 시작
24년경 중국에서 한 왕조가 일어나 아시에 왕조 시대
43년 로마가 브리타니아에 침입하여 정복
50년경 인도 북부에서 쿠샨 왕조가 일어남

중국의 만리장성

기원전 221~210년 진 시황제가 중국 최초의 제국을 건설하고 만리장성의 일부를 쌓음
기원전 217년 카르타고의 장군 한니발 트라시메노 전투에서 로마 군을 무찌름
기원전 200년 나스카인이 페루에서 살기 시작
기원전 285년 세계 최초의 등대가 이집트의 파로스에 세워짐
기원전 168년 에루살렘 근처 마을의 유대교 사제 마카베우스가 이끈 유대인들이 셀레우코스 왕조의 왕에게 반란을 일으킴
기원전 108년 고조선 멸망
기원전 100년경 호호캄인들이 북아메리카 남동부에서 살기 시작

브리타니아의 부디카 여왕

50년 부디카 여왕이 브리타니아에서 로마에 반란을 일으킴
70~80년 로마 시와 중심부의 콜로세움 지음
74년 유대의 마사다 요새가 함락되어 유대인이 일으킨 로마에 대한 반란이 끝남

중국의 시에

79년 베스비오 화산이 폭발하여 폼페이 시가 화산재에 매몰
100년 북아프리카 에티오피아의 고대 왕국인 악숨 건국
100년경 중국에서 종이가 발명
100년경 로마의 아폴로 발렌스 알렉산드리아의 헤론가 증기기관 설계

중국 장안의 왕궁

710~794년 일본이 나라 시대
745년 중국에서 세계 최초의 세 제국이 인쇄됨
750년 인도에서 중앙아메리카에서 마야 문명이 꽃핌
756년 중국 당의 수도 시안이 비단길의 출발지로서 번영이 시작
768~814년 칼 대제(샤를마뉴)가 유럽에서 프랑크 왕국을 통치한 시대

618~907년 중국의 당 왕조
675년경 중앙아메리카에서 마야 신전이 세워짐
676년 신라가 삼국 통일
700~1000년 호호캄 문화의 전성기

신라의 첨성대

793년경 바이킹이 유럽을 습격하기 시작
734~1185년 헤이안교도로 옮김 수도를 헤이안쿄로 옮김
800년경 가나 서아프리카에서 두드러지게 번영
800년경 오스트레일리아에서 원주민 문화 융성
800~1800년 서아프리카 시대
868년 세계 최초의 책이라고 알려진 금강경이 중국에서 인쇄됨
900년 마야 족의 유카탄 반도에 이주하기 시대 메소아메리카 톨텍 족이 번영
868년경 서아프리카에서 이보 족 문명이 일어남

폴리네시아인의 작은 배

907년 몽고 족이 내몽고과 중국 북부로 새로운 독립국가 시작
918년 일본이 고려를 건국
920년경 가나 서아프리카의 황금시대가 시작

잉크로와트의 무희

950년경 폴리네시아인 뉴질랜드 도착
982년 기름은 마리의 에리크가 이끈 바이킹들이 그린란드에 정착
998년~1038년 헝가리의 첫 왕인 이슈트반 1세가 성왕이 됨
1000년경 중국에서 화약 이용
1016년 덴마크의 왕 크누트가 잉글랜드의 왕이 됨

조선의 측우기

1050년 남동아시아 크메르의 전성기
1066년 헤이스팅스 전투 후 노르망디 공 윌리엄이 잉글랜드의 왕이 됨
1096년 중국 제국 유럽 ...
1100년경 이슬람의 지도자를 따름
1100년경 칼 대제 오늘날의 나이지리아에서

아시리카의 황제 몬테수마

1167~1227년 몽고 제국을 세운 칭기즈 칸의 생애
1185~1333년 일본에서 가마쿠라 시대, 무사 계급이 일어나
1187년 이슬람의 지도자 살라딘이 예루살렘을 되찾음
1215년 잉글랜드의 존 왕이 마그나 카르타(대헌장)에 조인함

1254~1324년 이탈리아의 베네치아 여행자 마르코 폴로의 생애
1337~1453년 영국과 프랑스가 백년 전쟁을 치름
1348~1352년경 페스트로 유럽 인구의 3분의 1이 죽음
1368년 중국에서 명 왕조가 일어나라
1369~1405년 타무르가 몽고를 지배
1392년 고려가 멸망하고 조선이 건국
1431년 잔 다르크가 프랑스에서 화형 당함
1436~1464년 황제 몬테수마 1세가 아스테카를 다스림
1441년 조선에서 측우기 제작
1446년 훈민정음 반포

쿠스코의 잉카 석문

1438년 페루에서 잉카 제국이 번성기를 맞음
1452~1519년 이탈리아의 예술가 레오나르도 다 빈치의 생애
1453년 오스만 제국이 콘스탄티노플을 점령
1462년 이반 3세가 러시아 제국을 세움
1464년 서아프리카에서 손니 알리가 큰 송가이 제국을 지배
1478년 페르난도와 이사벨라가 에스파냐에 이슬람 세력이 마지막 이단 심판
1492년 크리스토퍼 콜럼버스가 서인도 제도에 도착
1501년 이탈리아의 화가이자 조각가인 미켈란젤로가 다비드상을 제작
해로 탐험가 아메리고 베스푸치가 브라질에 이름을 붙임

아테네의 파르테논 신전

기원전 480년경 살라미스 해전에서 그리스 군 승리
기원전 431~404년 펠로폰네소스 전쟁에서 스파르타가 아테네에 승리
기원전 429년경 아테네의 페리클레스 흑사병으로 죽음
신전 재건을 주도한 페리클레스 따서 수도 페르토로 건설
기원전 399년 그리스의 철학자 소크라테스가 감옥에서 죽음
기원전 403~221년경 중국 전국 시대

이소스 왕의 전투용 코끼리들

기원전 400년대 나바테인이 바위산을 침입
기원전 387년 켈트족 로마 시에 침입
기원전 356~323년 그리스 알렉산드로스(알렉산더) 대왕의 생애
기원전 300년 일본에서 이요이 문화 발전
기원전 285년 세계 최초의 등대가 이집트의 파로스에 세워짐
기원전 272~231년경 인도의 아소카 왕이 인도 마우리아 왕조를 지배
기원전 250년경 중앙아메리카에서 마야 문명이 싹틈

285년 디오클레티아누스 황제가 로마 제국을 막시밀리아누스 황제와 나눠 지배
300년대 일본에서 야마토 조정이 권력 잡음
300~200년 아래파 문화가 변하여 호프웰 족이 나타남
320년 북인도에서 굽타 왕조 일어남
395년 로마 제국이 로마를 중심으로 한 서로마 제국과 콘스탄티노플을 중심으로 한 동로마 제국으로 갈라짐
400년 통가와 사모아 사람들이 폴리네시아에 성들로 이주
400년 아프리카 니제르 강 유역에 있는 제네자노에 사람들이 정착하기 시작
410년 게르만의 서고트 족이 로마를 점령
423년 셰틀랜드 이일...

호프웰의 운모로 만든 손

451년 이탈리아 로마 고트에 침입
476년 서로마 제국 멸망
500년경 아프리카 남부에 반투 족이 몽골 반투 족이 이옹

철을 제련하는 아프리카 사람들

449년 이후 앵글족 색슨 족, 주트 족이 잉글랜드에 침입
레드튼 크리스트교로 개종하시킴

메카로 진군

서기 531년 로마에 아프리카의 이슴 왕조이 크리스트교로 개종
571~632년 이슬람교 창시자 무하마드(마호메트)의 생애
610년 동로마 제국이 비잔틴 제국이 됨

메로에의 여왕

122년경 로마가 브리타니아 북부에 하드리아누스의 방벽을 쌓음
150년경 그리스의 프톨레마이오스가 세계지도 작성
200~600년 중앙아메리카에서 모체인이 번성
220년 중국에서 한 왕조 무너짐
250년경 메로에 왕국이 아프리카에서 마야 문화를 쇠퇴하기 시작

찾아보기

글 / 앤 밀라드
세계적인 고고학자. 런던 킹스 칼리지에서 역사를, 런던 유니버시티 칼리지에서 고대사와 고고학을 연구했다. 발굴자와 고문서학자로서 이집트 협회와 함께 활동한 바 있으며, 현재 런던 대학의 교수로 있다.

그림 / 러셀 버넷
짐바브웨 출신의 세계적인 삽화가. 백과사전과 도감 등 여러 분야의 전문 서적에 지도, 건축물, 야생 동물을 많이 그렸으며, 특히 고대 유적과 유물 복원 그림에 뛰어난 전문가이다.

번역 / 정기문
서울대학교 사범대학 역사교육과, 같은 대학원 서양사학과를 졸업한 후 서울대학교에서 문학 박사학위를 받았다. 현재 군산대학교 사학과 교수로 재직 중이며, 주요 연구분야는 서양고중세사이다. 옮긴 책으로 『공간과 시간의 역사』 『종말의 역사』가 있고, 지은 책으로는 『내 딸들을 위한 여성사』 『한국인을 위한 서양사』 등이 있다.

감수

오인석
서울대와 같은 대학 대학원 서양사학과를 나와 독일 보쿰대와 미국 뉴욕주립대 방문교수를 거쳐 서울대 서양사학과 교수를 역임하였으며, 현재는 서울대 명예교수로 있다. 저서로 『독일 문학사 대계』 『바이마르 공화국의 역사』와 역서로 『독일 현대사』 『바이마르 공화국과 히틀러』 외 다수가 있다.

고종훈
서울대학교 동양사학과를 졸업했다. 솔빛 위성방송 강사, 메가스터디 강사로 있었다.

박영주
서울대학교 사범대학 지구과학교육과를 졸업하고, 서울대학교 자연과학대학원 대기과학과를 졸업했다. 중학교 과학교사로 있다.